팽 박사, 노벨동물학상을 타고 말거야

정재은 글 ● 김석 그림
박시룡 감수(한국교원대 생물교육과 교수)

주니어랜덤

추천의 말

노벨상에 노벨동물학상은 없다. 그러나 동물을 관찰하여 노벨상을 받은 학자는 있다. 바로 오스트리아 출신 '콘라트 로렌츠' 박사가 그 주인공이다. 그는 백여 종에 이르는 동물을 연구 관찰하였는데, 그중 회색기러기의 각인 현상 등의 동물 행동을 연구하여, 1973년 노벨생리의학상을 받았다. 기러기 새끼들이 로렌츠 박사를 어미로 알고 따르는 모습을 담은 사진은 로렌츠 박사를 대표하는 것으로 유명하다. 이 책의 주인공 팽 박사를 보면서 문득 로렌츠 박사를 떠올린 건 결코 우연이 아닐 것이다.

있지도 않은 노벨동물학상을 받겠다고 전 세계를 누비며 좌충우돌하는 팽 박사의 어린아이 같은 모습에서 천진난만한 미소를 짓게 되고, 때론 동물학자로서의 지극한 열정에 진지한 탐구 정신을 일깨우기도 한다. 이 책은 동물의 생태 특징을 주제로 하여 한 편의 탐정 소설을 읽는 것처럼 마지막까지 긴장의 끈을 놓을 수 없게 하는 매력이 있다. 재미있는 이야기와 생생한 동물 정보가 가득 담긴 이 책을 읽은 어린이 독자들이 동물 세계에 더욱 호기심을 가지고, 팽 박사처럼 탐험을 떠나고 싶어 할지도 모른다는 생각이 든다.

자연은 아직 사람들에게 알려지지 않은 미지의 세계이다. 동물의 세계 또한 자연의 일부로서 우리가 관찰하고 탐구하여 밝혀낼 것들이 무궁무진하다. 팽 박사와 함께하는 동물 탐험을 통해 팽 박사의 열정을 본받아 우리도 노벨상을 향한 꿈을 키워 보는 건 어떨까.

박시룡 (한국교원대 생물교육과 교수)

저자의 말

팽 박사의 동물 탐험에 오신 것을 환영합니다!

지구의 또 다른 주인공인 동물들을 찾아 떠나는 탐험은 하루하루가 모험 그 자체랍니다.

어깨에 배낭을 꽉 조여 매고, 신발 끈도 단단히 묶으세요. 사막의 뜨거운 모래밭에서 신발이 벗겨지면 어떻게 될지 아무도 몰라요. 챙이 있는 모자는 꼭 눌러 쓰세요. 어디서 원숭이 똥이 떨어질지 모르거든요. 구할 수만 있다면 진흙탕을 꿰뚫어 볼 수 있는 안경도 하나 준비하세요. 늪에서 잠자는 아나콘다를 지근지근 밟아 깨우는 끔찍한 실수는 하지 말아야죠.

동물을 사랑하는 마음은 굴뚝같지만, 노벨상을 타고 싶은 욕심만 하늘을 찌르고, 하는 일마다 실수투성이인 팽 박사와 함께 세계 동물 탐험을 떠나기 위해서는 늘 긴장의 끈을 놓아서는 안 돼요. 언제 어디서나 엄청난 사건이 일어날 수 있거든요.

팽 박사와 함께 세계 동물 탐험을 떠나면, 우리가 모르고 지나쳤던 동물들의 신기한 생태를 만날 수 있어요. 으스스하고 징그럽고 위험하지만, 사랑스럽고 아름답고 특별한 동물 세계에 들어갈 수 있지요. 난생 처음 보는 동물들과 어울리며 상상하지 못했던 엉뚱한 사건에 휘말릴지도 몰라요.

하지만 이러는 동안 우리의 호기심은 더욱 커질 거예요. 우리도 팽 박사처럼 예리한 과학자의 눈으로 동물들과 우리가 모르는 세상을 돌아보고 더 사랑하게 되겠지요. 왜냐하면 동물들이야말로 절대 게으름을 피우지 않고, 핑계 대지 않고, 최선을 다해 살고 있으니까요.

이제 동물 탐험을 떠나기로 해요. 이번에는 팽 박사와 함께!

하지만 다음 번 동물 탐험은 여러분이 직접 배낭을 싸서 떠나는 게 어떨까요?

정재은

차례

저자의 말 | 팽 박사의 동물 탐험에
오신 것을 환영합니다! ● 4

1 노벨동물학상을 향해 출발! ● 12

2 모험 영화의 한 장면처럼 아나콘다를 만나다 ● 18

3 흡혈박쥐의 입맛을 바꾸려다 큰코다치다 ● 34

4 전설 속의 분홍돌고래와 헤엄치다 ● 50

5 떠돌이앨버트로스와 충돌할 뻔하다 ● 64

6 펭귄의 왕국에서 추방당하다 ● 84

7 오리주둥이를 최초로 발견하다 ● 98

8 무덤새의 아빠가 되다 ● 114

9 코브라와 몽구스의 싸움을 생중계하다 ● 128

10 쟁기발두꺼비 덕분에 희망을 가지다 ● 148

11 벌거숭이두더지쥐의 여왕님을 몰라보다 ● 166

12 팽 박사 뉴스에 출연하다 ● 180

팽 박사

통통하게 튀어나온 배, 부스스한 곱슬머리, 숯 검댕이 눈썹. 전혀 과학자답지 않은 외모를 가졌으나 의욕만은 하늘을 찌르는 동물학자. 어느 날 문득 노벨상을 타겠다는 큰 꿈을 품고 희귀한 동물을 찾으러 세계 동물 탐험에 나섰다. 그러나 연구는 진전이 없고, 목숨을 위협받거나 밀렵꾼으로 오해를 받는 기막힌 일들만 벌어진다. 가진 것이라고는 시도 때도 없이 쏟아지는 눈물과 천부적으로 타고난 겁밖에 없는 팽 박사가 과연 모든 어려움을 헤치고 노벨상을 받을 수 있을까?

지나

어쩌다 팽 박사의 조수가 되었는지 알 수 없는 아가씨. 기계를 고치고, 부수고, 만들고, 운전하는 데 천재적인 소질을 가진 지나는 자동차 정비소를 차리려는 꿈을 접고 팽 박사의 연구실에서 일하고 있다. 세계 동물 탐험에는 전혀 관심이 없었지만 팽 박사의 달콤한 말에 홀랑 속아 끊임없는 고생과 고통을 겪는다. 게다가 납치되어 사막에 버려지기까지 하는데…….

밴디

위험에 처한 팽 박사를 구해 주고 얼떨결에 탐험 여행에 끼게 된 아마존 소년. 아마존의 밀림을 떠나 난생 처음 세계 탐험을 하게 된 것까지는 좋았으나, 어설픈 팽 박사와의 여행은 지나친 스릴과 느닷없는 위험으로 한시도 마음을 놓을 수 없다. 그래도 뛰어난 청각을 발휘하여 팽 박사와 지나를 구해 주는 마음 따뜻한 친구.

비비씨

잘생기고, 친절하고, 매너 좋고, 멋진 다큐멘터리 작가. 비비씨는 남극에 가려다가 조난당한 팽 박사 일행을 구해 줘 조수 지나의 관심을 한몸에 받는다. 하지만 비비씨와 함께 있는 곳에서는 늘 석연치 않은 일들이 벌어지고, 팽 박사 일행은 곤경에 처한다. 결국 지나가 납치되는 사건이 발생하면서 비비씨의 정체가 드러나는데…….

1. 노벨동물학상을 향해 출발!

스웨덴의 수도 스톡홀름 시청사 앞에 까만 턱시도를 차려 입은 배불뚝이 남자가 나타났다. 남자는 부스스한 곱슬머리에 무스를 잔뜩 발라 멋을 냈지만 어딘지 모르게 촌티가 뚝뚝 흘렀다.

"혹시, 노벨동물학상을 받은 팽 박사님이세요?"

빨간 원피스를 입은 여자아이가 다가와 물었다. 팽 박사는 거만한 표정으로 고개를 끄덕였다.

"우아! 박사님, 사인해 주세요."

아이가 팽 박사의 손을 덥석 잡았다. 시청 앞에 있던 다른 아이들도 우르르 몰려들었다.

"팽 박사님, 저랑 같이 사진 찍어요."

"저도요. 팽 박사님같이 훌륭한 동물학자가 되고 싶어요."

팽 박사는 불룩한 배에 힘을 꽉 주고 최대한 멋진 표정을 지으려 했지만, 너무 좋아서 입이 헤 벌어졌다.

"팽 박사님! 팽 박사님!"

그 때 어디선가 들리는 낯익은 목소리, 한국의 연구실에서 먼지를 뒤집어쓰고 열심히 청소하고 있을 조수 지나의 목소리였다.

"그만 일어나시죠. 낮잠이 너무 길잖아요."

지나가 팽 박사의 어깨를 세차게 흔들었다. 팽 박사는 멍한 표정으로 부스스 일어났다.

"노벨동물학상을 받았어. 막 뒤풀이 파티에 가려고 했는데……."

"엥? 노벨동물학상이요? 노벨 평화상, 문학상, 물리학상, 화학상, 생리의학상, 경제학상은 들어 봤는데 동물학상은 금시초문인데요. 그런 상이 있기나 해요?"

지나가 코웃음을 치자 팽 박사는 자존심이 무척 상했다.

"흥! 노벨동물학상이 왜 없어? 설령 없다 해도 나는 탈 수 있어! 새로운 동물을 발견해서 희귀한 생태에 대한 희귀한 논문을 쓸 거거든. 희귀한 내 논문을 보면 노벨도 상을 주지 않고는 못 배길걸."

팽 박사는 떠오르는 대로 아무 말이나 막 쏟아 냈다. 그래도 지나는 여전히 입을 비죽거렸다. 죽은 지 100년도 지난 노벨한테 상을 받을 거라니, 팽 박사가 노벨상에 대해 제대로 알고나 있는지 의심스러웠다. 하지만 팽 박사는 자기 말에 흠뻑 빠져 주먹을 불끈 쥐고 외쳤다.

"오오! 너무 멋진 생각이야, 노벨상이라니. 지나 양, 당장 아마존으로 떠나세. 다윈도 갈라파고스 제도에 가서 진화론을 생각하지 않았는가! 나는 살아있는 원시림 아마존에 가서 희귀 동물을 찾아낼 테야. 얼른 짐 싸게. 함께 아마존으로 가야지."

"제가 왜요? 전 찍찍거리는 쥐랑 덥고 끈적끈적한 날씨가 제일 싫

거든요. 그 두 가지가 환상적으로 엮인 아마존엘 왜 가요? 전 절대 안 갈 거거든요."

지나는 이번에도 또 팽 박사의 말을 마음껏 무시했다. 팽 박사는 금세 시무룩해졌다.

 다윈

다윈은 진화론을 주장한 과학자이다. 젊은 시절 배를 타고 항해를 하는 중에 갈라파고스 제도에 머무르게 되었다. 여러 섬이 올망졸망 모인 갈라파고스 제도에서 다윈은 각 섬에 사는 핀치새의 부리가 조금씩 다른 것을 발견했다. 아마도 먹이에 맞게 부리의 모양을 변화시킨 새들만 살아남은 게 아닐까 하고 생각한 다윈은 이 생각을 바탕으로 자연선택이라는 방법으로 진화론을 설명했다. 환경에 적응한 생물은 살아남아 자손을 퍼트리지만, 그렇지 못한 생물은 결국 사라진다는 것이다. 다윈은 자신의 생각을 《종의 기원》이라는 책에 실었다.

사실 팽 박사는 지나 없이는 아무것도 못 했다. 자동차 운전부터 타이어 갈기, 못 박기, 막힌 변기 뚫기, 잃어버린 물건 찾기까지 팽 박사가 일으킨 모든 문제를 지나가 해결했다. 그러니까 무슨 일이 있어도 지나를 아마존에 데려가야만 했다. 무슨 일이 있어도!

팽 박사는 양의 탈을 쓴 늑대처럼 상냥하고도 교활한 미소를 지으며 말했다.

"지나 양, 지나 양, 세상에서 제일 예쁜 지나 양. 아마존에 따라가면 월급을 두 배로 줄게요. 새로운 동물을 발견하면 그 두 배를 주고요, 노벨상을 타면 거기에 또 두 배를 줄게요. 그럼 지나 양한테 어울리는 멋진 스포츠카를 살 수 있을 거예요."

이번에는 지나가 고민에 빠졌다. 스포츠카와 쥐, 스포츠카와 장대비, 스포츠카와 푹푹 찌는 날씨, 스포츠카와 끈적끈적. 그러나 결국에는 스포츠카에 홀랑 넘어가고 말았다.

그날 밤 팽 박사와 지나는 각자 여행 가방을 쌌다. 지나는 엄청나게 큰 가방에 엄청나게 많은 옷을 쌌다. 하지만 팽 박사는 전설적인 동물학자이자 스승인 마요 선생님한테 받은 특별한 카메라만 달랑 챙겼다. 동물의 생태가 고스란히 찍히는 마요 카메라만 있으면 동물 연구는 식은 죽 먹기라는 착각에 빠져.

2. 모험 영화의 한 장면처럼 아나콘다를 만나다

팽 박사와 지나는 무작정 비행기를 타고 브라질로 날아가, 무작정 아마존 밀림으로 들어갔다. 밀림은 생각보다 어둡고 후텁지근했다. 나무들은 꼭대기가 안 보일 정도로 키가 컸고 잎이 넓은 덩굴식물들이 나무를 칭칭 감고 올라가 있었다. 바닥은 나뭇잎들이 켜켜이 쌓여 꼭 푹신한 카펫을 깔아놓은 것 같았다.

오후가 되자 열대우림의 날씨답게 장대비가 쏟아졌다. 번쩍번쩍 번개에, 요란한 천둥까지 숲을 뒤흔들었다. 다행히 비는 금세 그쳤지만 팽 박사와 지나는 아마존 강에 거꾸로 빠진 카피바라처럼 쫄딱 젖었다.

 카피바라

카피바라는 몸무게가 70킬로그램까지 나가는 세상에서 가장 큰 쥐다. 쥐라고 하지만 꼬리가 없고, 다리는 짧으며, 헤엄을 아주 잘 친다. 주로 물속이나 물가에서 풀을 뜯어 먹으며 산다.

지나는 몸에 착 들러붙은 옷을 떼어 내며 투덜거렸다.

"정말 괜히 왔어! 너무 싫다고! 팽 박사님, 전 더 이상 견딜 수 없을 것 같아요."

"나도 그래. 나도 견딜 수 없을 것 같아."

"그렇죠? 박사님도 너무 덥고 힘들죠? 우리 돌아가요. 아름다운 우리나라 대한민국으로요. 지금 당장 출발할까요?"

지나는 팽 박사의 가방까지 둘러매고 앞장을 섰다. 팽 박사의 마음이 변하기 전에 얼른 밀림을 뜰 생각이었다. 하지만 팽 박사는 돌아가기는커녕 바닥에 털썩 주저앉는 게 아닌가.

"지나 양, 왜 동물들이 한 마리도 안 보이는 거지? 아마존에는 동물들이 바글거려야 맞는 거 아니야? 우린 재규어에 쫓기고, 원숭이랑 장난치고, 앵무새랑 수다 떠느라 정신이 하나도 없어야 되는 거 아니냔 말이야. 그래야 희귀한 동물을 찾을 가능성이 높아지고, 노벨상도 탈 수 있을 텐데……. 근데 왜 엉덩이를 물어뜯는 요 사나운 군대개미들밖에 안 보이는 거냐고. 동물들이 다 죽은 거 아니야? 엉엉엉."

팽 박사의 눈에서 눈물이 뚝뚝 떨어졌다. 남자의 눈물에 약한 지나는 하는 수 없이 가방을 내려놓고 팽 박사를 달랬다.

"걱정 말고 위를 좀 쳐다보세요, 박사님."

지나가 손가락으로 하늘을 가리키자 팽 박사는 고개를 한껏 젖혀

올려다보았다.

"하늘이 주먹만큼밖에 안 보이는걸. 혹시 저기 저 하늘나라에 동물들이 있다는 뜻이야? 그럼 동물들이 진짜로 죽었단 말이야? 으엉, 어쩌다가 다들……."

"하늘이 아니라 나무 위요. 나무 위를 보라고요. 열대우림의 동물들은 대부분 나무 위에 산다고요. 보호색으로 꽁꽁 무장하고 숨어서 말이죠. 그러니까 눈을 좀 더 크게 뜨고 찾아보세요, 네?"

팽 박사는 눈을 크게 뜨고, 고개를 더 한껏 젖혔다. 초록색 나뭇잎, 갈색 나무, 짙은 녹색 이끼……. 그러나 동물은 보이지 않았다.

"하나도 안 보이는데? 아이고, 고개야. 고개만 떨어지겠네."

"아유, 박사님 키가 너무 작아서 안 보이나 봐요."

그러나 키가 큰 지나 역시 동물이라고는 한 마리도 볼 수 없었다. 아마존의 동물들은 대부분 우기에도 물에 잠기지 않는 아주 높은 곳, 아파트 15층 정도 높이에 살기 때문에 아무리 키가 크고 눈이 좋아도 땅에서는 보기 힘들었다. 지나는 망원경을 찾으려고 가방을 뒤적였다. 팽 박사는 그 틈을 참지 못하고 첨벙첨벙 늪으로 들어갔다.

"난 그냥 물속을 뒤져 볼래."

늪은 얕았지만 물풀들이 수면을 뒤덮고 있어서 속이 들여다보이지 않았다.

아마존 밀림에 사는 동물

아마존 밀림에는 아주 많은 동물들이 살고 있지만 주로 높은 나무 위에 살기 때문에 보기 힘들다. 밀림의 바닥에서는 전갈이나 군대개미를 볼 수 있다. 몸집이 큰 편인 군대개미는 떼로 몰려다니며, 강한 턱으로 전갈이나 딱정벌레 등의 먹이를 먹어치운다. 그러나 쥐나 도마뱀보다 큰 동물을 먹을 수는 없다.

아마존에서 동물들이 가장 많이 사는 곳은 나무 위 50미터 정도 높이이다.

게으름뱅이 나무늘보도, 큰 소리로 우는 짖는원숭이도, 알록달록한 독화살개구리도, 달콤한 과일을 좋아하는 과일박쥐도 이곳에 산다. 동물들은 덩굴식물들이 나무와 나무 사이를 연결해 준 덕분에 자유롭게 옮겨 다닐 수 있다.

나무 꼭대기에는 여러 색깔의 앵무새와 하늘에서 가장 뛰어난 사냥꾼인 부채머리독수리가 산다. 부채머리독수리는 먹잇감인 앵무새나 원숭이, 나무늘보를 발견하면 나뭇잎 사이를 뚫고 곧장 돌진하여 먹이를 잡아챈다.

"장화도 안 신고 들어가면 어떻게 해요? 이상한 동물이라도 튀어나오면 어쩌려고."

"괜찮아. 내가 찾는 게 바로 이상한 동물이거든."

팽 박사는 맨발로 늪을 마구 헤적거렸다. 하지만 악어도, 거북도, 올챙이도 나타나지 않았다.

"여기도 없어. 여기도 없고. 도대체 아마존에 동물이 살기는 하는 거야?"

팽 박사는 화가 나서 발로 첨벙첨벙 물장구를 쳤다. 그 순간 팽 박사의 발에 뭉클한 것이 밟혔다.

"뭐가 있다. 찾았어!"

얼룩덜룩한 뭔가가 뭉실뭉실 움직였다. 꼭 늪이 통째로 움직이는 것 같았다. 팽 박사는 손을 쭉 뻗었다. 까끌거리면서도 탱탱하고 섬뜩한 것이 꼭 뱀 같다고 생각한 순간, 아나콘다의 머리가 서서히 늪 위로 올라왔다.

팽 박사의 작은 눈이 동그랗게 커졌다. 아나콘다는 팽 박사와 눈을 맞추며 혀를 날름거렸다. 깜짝 놀란 팽 박사는 늪 바깥으로 나가려고 첨벙대다가 그만 아나콘다의 몸통을 세게 밟고 말았다. 엄청난 실수였다. 아나콘다는 팽 박사가 자신을 해치려는 줄 알고 눈을 부릅뜨며 공격할 모양새를 갖추었다.

"착한 아나콘다야! 난 널 해칠 생각이 없단다. 난 뱀띠야. 우린 친척이라고."

팽 박사는 목구멍이 찢어져라 외쳤다. 하지만 아나콘다는 들은 척도 하지 않고 굵고 긴 몸통으로 팽 박사의 허리를 스르르 감기 시작했다. 서늘한 기운과 함께 엄청난 힘이 느껴졌다.

"누가 좀 도와줘요! 119를 불러 줘요!"

지나는 진흙, 나뭇가지, 돌멩이를 닥치는 대로 주워 던지며 비명을 질렀다. 하지만 아나콘다에게서 팽 박사를 구해 낼 수는 없었다.

아나콘다는 공룡 꼬리만큼이나 굵은 몸뚱이로 팽 박사의 몸통을 서서히 조여 갔다. 몸부림을 치던 팽 박사의 팔다리가 어느 순간 축 쳐졌다. 아나콘다는 먹이를 죄어 숨통을 끊은 뒤 한입에 삼킨다. 그러니까 다음 순서는 아나콘다가 입을 쩍 벌리고 팽 박사의 머리를 꿀꺽…….

지나는 눈을 질끈 감았다. 팽 박사의 마지막 모습을 차마 볼 수 없었기 때문이다.

"첨벙."

느닷없이 물 튀기는 소리가 요란하게 들렸다. 지나는 눈을 번쩍 떴다. 아나콘다의 몸뚱이가 바닥에 나동그라져 있었다. 그 옆에 팽 박사도 함께 널브러져 있는 게 아닌가.

"박사님! 박사님!"

지나는 얼른 달려가 아나콘다의 꼬리에 깔린 팽 박사를 끌어냈다. 다행히 팽 박사는 금세 정신이 돌아왔다.

"지나 양, 여기가 천국이야, 지옥이야? 난 착한 사람이니까 분명 천국에 갔을 거야."

팽 박사가 실눈을 뜨고 주위를 둘러보았다. 쓰러진 아나콘다가 눈에 들어왔다.

"어, 아직 아마존이네. 아나콘다는 쓰러져 있고. 그럼 나는? 와! 살았다, 야호!"

팽 박사는 벌떡 일어나 낄낄거리며 아나콘다의 사진을 마구 찍어 댔다. 자신을 괴롭힌 아나콘다의 생태를 완전히 해부할 생각이었다.

"어? 근데 지나 양. 아나콘다가 왜 죽었을까?"

아나콘다를 뒤집어보던 팽 박사가 문득 지나에게 의심스러운 눈초리를 보냈다.

"지나 양이 총을 쐈지? 그렇지? 안 돼요, 안 돼. 동물학자가 동물한테 총질을 하다니 지나 양은 아주 못됐어!"

"전 아니거든요."

"나를 구하려는 마음은 기특하지만 그래도 안 돼요. 밀렵꾼으로 오해라도 받으면 어쩔 테야?"

먹이의 숨통을 끊는 조이기

아나콘다가 독이 든 침을 묻혀 먹이를 잡는 게 아니냐고? 아니야! 아나콘다는 독이 없단다. 아나콘다가 먹이를 보고 혀를 날름거리는 것은 공기 입자를 혀에 묻힌 다음, 그것을 다시 입천장에 있는 후각기관에 묻혀 냄새를 맡기 위해서야. 아나콘다는 먹이를 꽉 조여서 숨통을 끊어 사냥을 하는데, 웬만한 동물은 20분만 힘을 주면 살아남지 못한다고 해.

팽 박사는 지나가 아나콘다에게 총을 쐈다고 철석같이 믿었다. 지나는 답답해서 가슴을 탕탕 쳤다.

"제가 아니라니까요."

"에이, 거짓말. 지나는 뭐든 잘 하니까 총도 잘 쐈을 거야. 그렇지?"

그 때 지나 뒤에서 인디오 소년이 불쑥 나타났다. 어깨에 큰 활을 멘 것을 보니 인디오 사냥꾼인 것 같았다.

"내가 쐈다. 하지만 아나콘다 안 죽었다. 난 밴디다. 독화살개구리한테 얻은 독으로 독화살 만들었다. 아나콘다 잠깐 기절했다."

팽 박사와 지나는 뭣에 홀린 것처럼 밴디를 말똥말똥 쳐다보았다. 거대한 아나콘다와 용감한 인디오 사냥꾼이라……. 모험 영화에 나오는 한 장면 같았다. 팽 박사와 지나는 곤경에 빠진 주인공이고 사냥꾼은 이들을 구해 준 슈퍼맨……?

영화에서 현실로 먼저 돌아온 지나가 물었다.

"아나콘다가 안 죽었다고?"

"응. 노랑개구리 독이 제일 강하다. 근데 난 빨강개구리 독을 썼다. 아주 조금. 아나콘다 금방 깨어날 거다."

순간 아나콘다의 머리가 꿈틀했다. 팽 박사가 소스라치게 놀라서 지나 뒤에 매달렸다.

"아악! 일어났다. 깨어났어. 이봐, 사냥꾼. 아나콘다를 죽여 버려. 독화살을 쏴. 끝내 버리라고."

팽 박사가 아나콘다에게 삿대질을 하며 소리쳤다. 그러나 밴디는 활을 쏘지 않았다.

 독화살개구리

독화살개구리는 빨강, 파랑, 노랑, 초록 등 아주 예쁜 색깔과 강한 독을 가졌다. 특히 노랑개구리의 독은 만지기만 해도 죽을 정도로 최고로 강하다. 아마존 원주민들은 이 개구리의 등에서 독을 채취해 화살촉에 발라 독화살을 만들었다. 그래서 이 개구리를 독화살개구리라고 부른다.

"난 사냥꾼 아니다. 아나콘다 잘못한 거 없다. 아저씨가 낮잠 자는 아나콘다 깨워서 아나콘다 화났다. 아저씨가 괴롭히는 줄 알고 공격한 거다. 아나콘다 순하고 착하고 귀엽다. 사람은 잘 안 먹는다. 아저씨같이 뚱뚱한 먹이 아주 싫어한다. 입 벌리기 힘들어 한다."

말투는 이상했지만 밴디의 말은 한마디, 한마디가 다 옳았다. 틀린 것을 인정하고 받아들이는 것이야말로 진정한 과학자의 자세이기에 팽 박사는 할 말이 없었다.

팽 박사는 머리카락을 돌돌 말며 딴청을 부리다 밴디에게 괜한 트집을 잡았다.

"쳇! 근데 너 왜 아까부터 반말이야? 어른한테는 '요'를 붙이라고, '요'를. 나는 곧 노벨상을 탈 훌륭한 박사란 말이지!"

"박사? 훌륭해? 그게 뭐냐?"

아마존 밀림에서 전통적인 생활 방식을 지켜 온 밴디는 박사나 노벨상에 대해 이해하지 못했다. 인내심이 부족한 팽 박사는 길게 설명하는 대신 아무렇게나 말해 버렸다.

"아, 그러니까 내가 좋은 사람이라고. 세상에서 제일 착한 사람이라고. 알겠냐?"

"세상에서 제일 착한 사람? 나, 찾고 있었다. 착한 사람 우리 부족 이끌 영혼의 지도자다. 팽 박사야, 나와 함께 우리 마을로 가자. 당장 가자."

밴디가 환한 표정으로 팽 박사를 졸랐다.

3. 흡혈박쥐의 입맛을 바꾸려다 큰코다치다

아마존의 밤은 일찍 찾아왔다. 깜깜한 밤하늘을 가르며 번쩍번쩍 번개가 쳤다. 우르릉우르릉, 천둥은 아예 하늘을 부숴 버리려는 듯 심술을 부렸다. 우기가 끝날 무렵이긴 했지만 여전히 밤에도 가끔 비가 왔다. 빗소리를 뚫고 삐삐삑, 윙윙윙, 꺅꺅꺅, 딸랑딸랑…… 수많은 동물들의 소리가 들렸다. 팽 박사와 지나는 멀리서 들려오는 동물들의 울음소리와 바스락거리는 소리에 신경을 곤두세웠다.

"박쥐 두 마리가 사냥하는 중이다. 왼쪽에 나방 있으니까 곧 그리 갈 거다."

밴디는 팽 박사와 지나가 놀라서 움츠릴 때마다 어떤 동물이 어디에 있는지 알려 주었다. 밴디는 귀가 아주 밝아서 밀림에서 나는 소리를 듣고 어떤 동물인지 금세 구별했다.

"맥이 잠자리를 찾느라 바스락댄다. 순하니까 겁먹지 마라."

밀림에서 일어나는 일을 중계방송하면서도 밴디는 계속 팽 박사를 졸라 댔다.

"팽 박사야, 우리 마을에 가자. 집 지어 줄게. 낚싯대도 만들어 줄게. 이 활 멋있지? 이거 팽 박사 줄까?"

하지만 팽 박사는 아마존에 살고 싶지 않았다. 아마존이 싫지는 않았지만 더위는 정말 싫었다. 또 아마존의 동물들은 만나고 싶었지만 모기와 군대개미같이 무는 벌레들은 딱 질색이었다. 무엇보다 팽 박사는 사계절이 뚜렷한 대한민국을 무척 사랑했다.

팽 박사가 지나의 옆구리를 콕콕 찔렀다. 빨리 해결하라는 신호였다. 지나는 팽 박사를 밴디에게 묶어 보내고 혼자 한국으로 돌아갈까도 생각했다. 그러나 지나는 독립운동가의 후손답게 의리가 너무 강했다.

결국 지나는 자신과 팽 박사에게 가장 좋은 방법을 생각해 냈다.

 맥

맥은 멧돼지를 닮기도 하고, 코끼리를 닮기도 했다. 멧돼지 새끼처럼 흰색의 가로 줄무늬를 갖고 태어나지만 6개월쯤 자라면 무늬가 없어진다. 또 코끼리처럼 코와 윗입술이 길게 자란다. 덩치가 커서 몸무게가 300킬로그램까지 나가기도 한다. 밤이 되면 맛있는 풀, 물풀, 나뭇잎, 과일 등의 먹이를 찾아 바쁘게 돌아다닌다.

"밴디, 팽 박사님은 아주 착해. 착한 사람이 너희 부족에 꼭 필요하다면 팽 박사님을 데려가야지. 그런데 팽 박사님은 더 중요한 일을 해야 한단다. 세계의 동물들이 모두 편안하고 행복하게 살도록 연구하는 거야. 그 임무가 끝날 때까지 팽 박사님은 너희 마을에 갈 수 없어. 그러니까 너도 팽 박사님의 연구가 끝날 때까지 함께 있자. 어때, 좋은 생각이지? 이건 최고로 착한 일이니까. 응?"

밴디는 조금도 망설이지 않고 고개를 끄덕거렸다. 지나가 속으로 음흉한 미소를 짓는 줄도 모르고 순박하게 웃기까지 했다.

지나도 아마존에 와서 처음으로 함박 웃었다. 드디어 이 넓고 험한 아마존에서 자신들을 도울 사람을 구했기 때문이다.

"오늘 밤 우린 어디서 잘까? 저녁은 뭘 먹을까? 밴디, 네가 다 해결해야 해. 알았지?"

밴디는 독 없는 개구리를 잡아 꼬치구이를 만들어 주었다. 어디서 주웠는지 호두 몇 알과 괴상하게 생긴 과일도 가져왔다. 평소 같으면 팽 박사와 지나가 놀라서 나자빠질 식단이었지만 배가 고픈 탓에 아주 맛있게 먹었다.

밴디는 강가에 버려진 통나무집을 찾아 잠자리도 마련해 주었다. 문짝이 떨어져 나가고, 바닥이 반쯤 썩었지만 밖에서 자는 것보다는 나았다. 밴디는 지나가 가져온 하늘하늘한 원피스로 모기장을 만들고, 개미가 우글우글 기어 다니는 나뭇잎을 탈탈 털어 푹신한 침대도 만들어 주었다. 팽 박사와 지나는 기분 좋게 잠이 들었다.

그런데 팽 박사가 드르렁드르렁 코를 고는 동안 조그만 박쥐 한 마리가 팽 박사 주위를 맴돌았다. 박쥐는 한 발짝, 한 발짝 춤을 추듯 걸어왔다. 모기장 밖으로 비죽 나온 팽 박사의 희고 통통한 발이 목표였다.

박쥐는 고약한 발 냄새에도 아랑곳하지 않고 면도날처럼 날카로운 이빨로 팽 박사의 짧은 발가락을 쓱 베었다. 금세 피가 흘렀다. 박쥐는 흐르는 피를 할짝할짝 핥았다. 팽 박사는 제 피가 빠져나가는 줄도 모르고 세상모르게 잠만 잤다.

자욱한 안개와 함께 해가 떴다. 안개가 어찌나 지독한지 눈앞의 발가락도 잘 보이지 않을 정도였다. 아침 무렵이 되어서야 안개가 걷히고 발가락이 제대로 보였다.

"엥? 이게 뭐야? 모기가 물었나?"

팽 박사는 그제야 발가락에 난 작은 상처를 알아보았다.

"모기가 문 상처 치고는 좀 큰데요?"

지나가 고개를 갸웃거렸다. 밴디는 상처를 슬쩍 보더니 아무렇지도 않게 말했다.

"흡혈……."

"뭐라고? 흡혈귀라고? 아마존에 드라큘라가 산단 말이야? 내가 드라큘라의 희생양이 된 거야? 아아! 나 혼자만 드라큘라가 될 순 없어. 지나한테도 옮길 테야."

팽 박사가 지나에게 달려들었다. 지나는 필사적으로 목을 감싸며 흡혈귀가 아니라 흡혈박쥐라고 소리를 질렀다.

"박쥐? 박쥐가 피를 먹는다고? 거 참 고약한 입맛일세. 흡혈박쥐 때문에 아마존 사람들은 참 불안하겠군. 안 그런가, 밴디 군?"

"별로. 사람은 사람대로 흡혈박쥐는 흡혈박쥐대로 먹을 수 있는 것 먹는다."

"아니야. 나처럼 용감한 과학자도 불안한데 다른 사람들은 오죽하겠어? 흡혈박쥐가 과일이나 꿀을 먹는다면 좋으련만. 세상이 아주 평화로워질 거야."

순간 팽 박사의 머릿속에 기발한 생각이 떠올랐다.

"맞다, 평화! 흡혈박쥐가 피 대신 과일이나 나뭇잎을 먹으면 아마존에 평화가 올 거야. 그럼 나는 그 공로를 인정받아 노벨평화상을 탈 수 있겠군. 앗싸! 밴디 군, 어서 흡혈박쥐의 동굴로 나를 안내하게. 새 프로젝트를 시작하세. 흡혈박쥐 입맛 바꾸기 프로젝트!"

밴디의 도움으로 흡혈박쥐가 모여 사는 동굴을 찾았다. 하지만 지나는 어둡고 축축한 동굴로 들어가고 싶지 않았다. 그렇다고 혼자 밖에서 기다리는 것은 더 겁이 났다. 하는 수 없이 따라 들어가며 지나는 쉴 새 없이 쭝얼거렸다.

"아휴, 무서워. 난 쥐가 정말 싫어. 흡혈박쥐도 쥐 맞지? 엄청 크면 어쩌지? 강아지만큼 큰 건 아니겠지? 그럼 정말 기절해 버릴 거야. 아아! 어쩌지?"

지나의 목소리가 동굴 벽에 부딪혀 메아리쳤다. 그 순간 엄청나게 많은 박쥐들이 팽 박사 일행의 머리 위로 날아들었다. 작은 박쥐가 족히 백 마리도 넘어 보였다. 지나는 차라리 정신을 잃고 싶었다.

팽 박사는 의외로 침착하게 준비해 온 꽃과 꿀과 나무 열매를 바닥에 펼쳐 놓았다.

"얘들아, 사랑스러운 흡혈박쥐들아. 난 너희들 친구란다. 팽 박사라고 해. 장래에 노벨상을 받을 몸이지. 핫핫핫핫."

팽 박사는 마음을 열면 어떤 동물과도 대화를 할 수 있다고 믿었다. 하지만 박쥐들은 아나콘다만큼이나 말이 통하지 않았다.

"피보다 훨씬 맛있는 걸 가져왔어. 이걸 좀 먹어 봐. 아주 맛있는 과일이야. 아침밥으로 먹으려다 특별히 남겨 온 거란다. 자, 착하지?"

그러나 팽 박사가 가져온 과일에 날아오는 흡혈박쥐는 단 한 마리도 없었다.

박쥐는 먹이를 어떻게 찾을까

박쥐는 소리로 먹이를 찾아낸다. 먼저 어둠을 향해 높고 날카로운 울음소리를 보낸 다음, 먹이와 부딪쳐서 돌아오는 메아리를 듣고 먹이의 위치를 알아낸다. 그 다음 먹이 쪽으로 날개를 쭉 뻗어 날개에 달린 손으로 곤충 등의 먹이를 잡아먹는다. 박쥐는 1초에 100번도 넘게 소리를 보낼 수 있다. 하지만 보통 한두 번의 날갯짓과 한두 번의 울음소리면 사냥에 성공한다. 박쥐가 내는 소리는 사람이 들을 수 없는 초음파이다.

또 어디 가신 거야?

"과일이 싫으면 꿀은 어떠냐?"

팽 박사는 아주 다정하게 말했지만 흡혈박쥐들은 여전히 관심이 없었다. 가뜩이나 짧은 팽 박사의 인내심은 곧 바닥을 드러냈다.

"이 흡혈귀들아. 도대체 뭐가 불만이냐? 남한테 피해 주지 말고 평화롭게 과일이나 꿀을 먹으라는 게 뭐 잘못됐냐? 응? 이 나쁜 드라큘라들아."

순간 천장에서 질척한 것이 뚝뚝 떨어졌다. 똥이었다. 천장에 붙은 박쥐들이 팽 박사를 내쫓으려고 똥 공격을 펼친 것이다. 느닷없는 똥

벼락을 맞은 지나와 밴디는 코를 쥐어 싸고 동굴을 뛰쳐나왔다.

그러나 팽 박사는 이까짓 어려움으로 연구를 포기할 사람이 아니었다. 열정만은 누구보다 뛰어난 과학자가 아니던가!

"똥이라! 훌륭해. 피를 먹는 박쥐의 똥에 뭐가 들어 있는지 밝혀 주리라. 그래, 피똥을 싸라, 이놈들아. 싸고 또 싸고, 더 싸라. 얼마든지 맞아 주마."

팽 박사는 박쥐 똥을 비처럼 맞으며 똥으로 가득 찬 바닥을 헤집었다. 흡협박쥐들은 괴상한 과학자 때문에 정신이 하나도 없었다.

'뭐야? 저 뚱뚱한 인간을 어떻게 내쫓지?'
'우린 위가 좁아서 피밖에는 소화를 못 시킨다고 누가 말 좀 해 줘.'
'소용없으니까 막 물어뜯어서 내쫓자.'
'지금은 배가 안 고픈걸. 우린 배고플 때만 피를 먹잖아.'

박쥐들은 저희들끼리 초음파로 의논하느라 시끌벅적 야단을 피웠다. 물론 팽 박사는 펄럭거리는 소리밖에 듣지 못했다. 사람은 박쥐의 초음파를 알아들을 수 없기 때문이다.

"흠, 똥에서는 특별한 걸 못 찾겠네. 그럼 마요 카메라로 사진을 찍어 볼까?"

팽 박사가 카메라의 단추를 꾹 눌렀다. 찰칵 소리와 함께 플래시에서 엄청난 빛이 터져 나왔다. 박쥐들은 팽 박사가 자신들을 공격하는 줄 알고 푸드덕푸드덕 어지럽게 날았다. 물론 팽 박사는 박쥐를 공격할 마음이 조금도 없었다. 플래시가 터질 거라는 계산을 미리 할 만큼 영리하지 못할 뿐이었다. 번쩍번쩍 플래시가 잇따라 터지자 박쥐들도 총공격을 펼쳤다. 팽 박사에게 떼로 달려들어 얼굴과 어깨, 등, 팔다리에 들러붙었다.

"아악! 살려 줘. 놓아 줘. 떨어지란 말이야."

팽 박사는 길길이 날뛰며 동굴 밖으로 달려 나갔다. 박쥐들이 몸에서 떨어져 나갈 때까지 정신없이 달렸다. 정신을 차렸을 때는 박쥐가 한 마리도 보이지 않았다.

"아! 다행이다. 다 도망갔어."

정말 다행이었을까? 주위는 벌써 어두워졌는데 팽 박사는 자신이 어디에 있는지조차 알 수 없었다. 어둠, 축축한 공기, 꺅꺅거리는 동물의 울음소리, 번득이는 두 눈. 팽 박사는 재규어나 부채머리독수리보다 밴디와 지나가 제발 자신을 먼저 찾아내게 해 달라고 빌 수밖에 없었다.

"밴디 군, 지나 양! 나 여기 있어요. 요호!"

팽 박사는 조그맣게 소리를 내어 일행을 불렀다. 밴디는 귀가 밝으니까 자신을 금방 찾을 거라 애써 믿으면서.

하지만 밴디는 오지 않고 포효하는 짐승 소리만 가까워졌다.

흡혈박쥐는 많지 않다

지구에는 박쥐가 970여 종 살고 있어. 이 중 피를 먹는 박쥐는 세 종류뿐이야. 나머지 중 70% 정도는 나방, 딱정벌레, 하루살이 따위의 곤충을 잡아먹고, 나머지는 과일이나 꿀을 먹어. 세 종류의 흡혈박쥐 중 두 종류는 새의 피만 좋아해. 그러니까 사람을 포함한 포유류의 피를 먹는 흡혈박쥐는 단 한 종류뿐이란다.

김~치!

"나를 잡아먹으러 왔을까? 아니야, 나같이 착한 사람을 잡아먹을 리가 없어. 하지만 내가 착한 줄 모르고 잡아먹으면 어쩌지? 아, 그건 인류의 재앙이야!"

짐승의 울음소리는 점점 가까워졌다. 아주 거칠고 날카롭고 사나운 울음소리가 코앞으로 다가왔다.

'굉장히 크고, 무서운 놈이 분명해. 재규어일까? 아마존의 괴물? 아, 몰라 몰라. 아무튼 아주 끔찍하게 사냥하겠지? 나를 사냥하면 어쩌지? 어헝.'

불길한 상상이 꼬리에 꼬리를 물고 이어졌다. 팽 박사는 너무 겁이 나서 정신이 쏙 빠질 것 같았다.

그 순간 울음의 주인공이 나무 위에 나타났다. 강아지만 한 크기의 짖는원숭이였다. 하지만 잔뜩 웅크리고 있던 팽 박사는 짖는원숭이를 알아보지 못했다.

다행히 밴디가 먼저 팽 박사를 찾아냈다. 밴디와 지나의 얼굴이 나타나자마자 팽 박사는 울먹이며 두 사람에게 매달렸다.

"지나 양, 이 소리 들리지? 무시무시한 녀석이 나를 노리고 있어. 무서워서 오줌 쌀 뻔했어. 밴디 군, 독화살은 잘 가지고 있나? 어서 저 놈을 맞춰 버려."

지나가 묵묵히 나무 위를 가리켰다. 조그만 짖는원숭이가 길길이 날뛰며 소리를 질렀다. 자기 영역에 들어온 팽 박사가 원숭이의 마음에 어지간히 안 드는 모양이었다.

팽 박사도 짖는원숭이가 꽤나 마음에 안 들었다. 그래서 손가락질을 하며 똑같이 길길이 날뛰었다.

"쬐그만 녀석이 목소리만 커서 사람을 놀라게 해? 에이, 고얀 놈."

 짖는원숭이는 왜 큰 소리로 짖을까

짖는원숭이는 세상에서 가장 목소리가 큰 동물이다. 힘껏 소리를 치면 5킬로미터 밖에서도 그 소리를 들을 수 있다. 짖는원숭이 중 수컷이 큰 소리를 내는데, 다른 영역의 수컷에게 "여긴 내 땅이야, 넘보지 마." 하고 똑똑히 알리느라 소리를 크게 지르는 것이다. 짖는원숭이는 목구멍에 있는 큰 공기주머니를 이용해 멀리까지 울리는 높은 소리를 만들어 낸다.

4. 전설 속의 분홍돌고래와 헤엄치다

아마존 강물이 맑은 커피색으로 빛나는 날이면 보뚜들이 찾아왔다. 여자아이들은 보뚜를 따라 물속으로 첨벙첨벙 뛰어들어 헤엄을 치며 깔깔깔 웃었다. 헤엄을 치고 나면 보뚜는 머리 위 숨구멍을 열고 캬하하하 숨을 뱉으며 즐거웠다고 인사를 했다.

그런데 여자아이들이 보뚜만 좋아하고, 보뚜하고만 헤엄을 치자 샘이 난 몇몇 남자아이들이 헛소문을 퍼트렸다.

"물에 빠진 남자가 보뚜로 변해 여자아이들을 찾아온다. 보뚜를 따라 헤엄치면 넋을 빼앗겨 영영 돌아오지 못한다."

어느 날 보뚜와 함께 헤엄치던 여자아이 하나가 사라졌다. 헛소문을 믿은 마을 남자들은 보뚜를 죽이고, 이빨을 강물에 던져 버렸다. 보뚜를 무척 좋아하던 한 소녀가 그 이빨을 모두 주워 소중히 간직했다. 그 뒤 보뚜는 소녀가 부를 때만 강에 나타났다.

"보뚜는 강에 사는 분홍돌고래다. 요즘은 보기 힘들다."

밴디가 아마존 강에 산다는 분홍돌고래의 전설을 이야기해 주었다. 마을마다 내용은 조금씩 다르지만 분홍돌고래를 신비스럽게 생각하는 점은 똑같다고 했다.

"나도 분홍돌고래랑 같이 헤엄치면 좋을 텐데……."

슬프고 아름다운 이야기에 감동한 지나는 수영도 할 줄 모르면서 터무니없는 꿈을 꾸었다. 물론 팽 박사의 헛된 꿈에 비교하면 엄청 현실적이지만.

"와우! 강에도 돌고래가 산다니 정말 멋져! 나는 이 멋진 이야기를 소설로 쓰겠어. 아름다운 내 글을 읽으면 노벨도 감동하겠지? 그럼

 강에도 돌고래가 산다

아마존 강, 갠지스 강, 메콩 강, 라플라타 강에 돌고래가 살고 있다. 갠지스 강에 사는 돌고래는 '수수'라고 불리는 데, 주둥이가 몸길이의 5분의 1이나 될 정도로 아주 길다. 메콩 강의 돌고래는 주둥이가 짧고 웃는 눈을 하고 있다. 원래 태국 만에 살던 돌고래가 물고기가 많은 메콩 강으로 들어와 적응을 했다고 한다. 라플라타 강의 돌고래는 평소에는 남아메리카 근처의 대서양 바다에서 사는데, 새끼를 낳고 기를 때만 라플라타 강으로 들어온다. 양쯔 강에도 흰 돌고래가 살았는데 얼마 전 멸종되었다고 알려졌다.

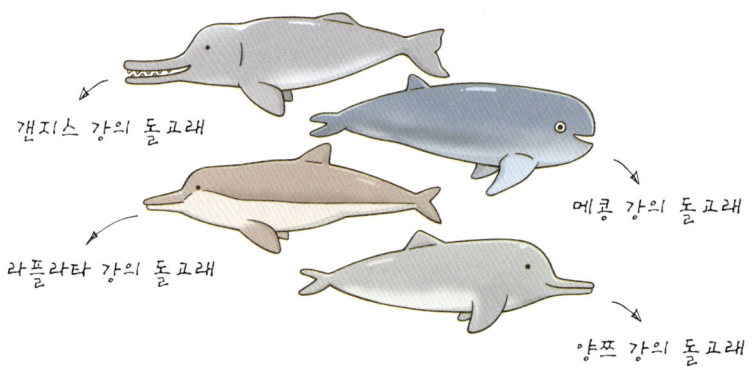

노벨문학상을 탈 거야. 이제 생각해 보니 노벨상이면 되지, 꼭 동물학상일 필요는 없을 것 같아."

팽 박사는 밴디를 앞세워 보뚜를 부르는 소녀를 찾아갔다. 예쁜 소녀일 거라고 기대했는데 소녀는 이미 늙어서 할머니가 되어 있었다. 팽 박사는 애써 실망한 빛을 감추고 부탁을 했다.

"할머니, 분홍돌고래가 제게 노벨상을 가져다 줄 거예요. 분홍돌고래를 불러 주세요. 아름다운 광경을 직접 보고 글을 쓰겠습니다. 절대 해치지 않을 거예요."

"난 이제 보뚜를 부를 수 없네."

"왜요? 할머니가 불러도 안 와요?"

할머니는 슬픈 눈으로 강을 쳐다보았다. 강물이 맑은 커피색으로 빛나고 있었다.

"나도 죽기 전에 보뚜를 꼭 다시 보고 싶어. 하지만 보뚜를 다치게 할까 봐……. 요즘도 가끔 이 주위를 어슬렁거리는 고얀 놈들이 있다네. 재규어나 희귀한 앵무새를 잡는 걸로도 모자라 보뚜까지 탐낸다고 하더군. 난 다시는 보뚜를 부르지 않을 거야. 이것들도 그만 묻어 주려고."

할머니가 안주머니 깊숙이 숨겨 둔 것을 꺼냈다. 어릴 적 주운 분홍돌고래의 이빨이었다.

"이걸 돌려 주마. 잘 가거라."

할머니는 강물을 향해 고이 간직했던 보뚜의 이빨을 던졌다. 할머니 눈에서 눈물 한 방울이 똑 떨어졌다.

그 때였다. 멀리서 휘파람 소리가 나더니 햇빛에 반짝이는 분홍돌고래, 보뚜가 나타났다. 보통 혼자 다니거나 어미와 새끼만 같이 다닌다고 알려진 보뚜가 열 마리도 넘게 할머니를 찾아왔다. 몸집이 아주 크고 선명한 분홍돌고래부터 회색빛이 도는 새끼들까지. 돌고래들은 물 밖으로 튀어 올라 몸을 뒤집어 배를 위로 내놓았다가 다시 물속 깊이 들어갔다. 그러나 한 번에 몇 분밖에 잠수를 할 수 없어서 곧 떠올라 숨구멍으로 캬캬캬 거품을 내뿜었다. 꼭 같이 놀자고 말하는 것 같았다.

"오! 보뚜! 돌아왔구나. 마지막 인사를 하러 왔구나."

할머니는 휘파람으로 답을 하고 물속으로 뛰어들었다. 분홍돌고래는 할머니를 에워싸고 춤을 추듯이 꼬리를 살랑거리며 함께 헤엄을 쳤다. 열세 살 소녀 적에 그랬던 것처럼.

"분홍돌고래야! 나도, 나도 끼워 줘. 함께 헤엄치자. 나도 너희 친구야."

감동을 받아 눈물범벅이 된 팽 박사도 강물에 뛰어들었다. 돌고래들은 팽 박사의 말을 알아듣기라도 한 것처럼 다가와 팽 박사 주위를 둥글게 감싸고 물을 튀기기도 하고, 꼬리로 간질간질 장난도 쳤다.

"한국에 가면 수영부터 배울 거야. 배워서 꼭 다시 올 거야. 꼭!"

헤엄을 못 치는 지나는 대신 마요 카메라로 분홍돌고래를 찍으며 중얼거렸다.

평화로운 강과 달리 숲 속은 수선스러웠다. 푸드득푸드득 새들이 날아오르고, 나뭇잎이 흔들렸다. 밴디는 숲 속에서 들리는 수상한 소리에 귀를 기울였다. 소리의 주인공이 누구인지, 누구를 노리는지 알 수 없었지만 밴디는 본능적으로 위험을 느꼈다.

"보뚜, 도망쳐!"

밴디가 소리쳤다. 곧이어 탕! 탕! 탕! 총소리가 들렸다.

분홍돌고래들은 순식간에 물속으로 가라앉았다가 멀리 사라져 버렸다. 할머니에게 작별 인사조차 하지 못한 채 빠르게 헤엄쳐 갔다.

"내 잘못이야. 내가 또 보뚜를 위험에 빠뜨렸어."

할머니는 눈물을 글썽이며 후회했다. 팽 박사는 고개를 세차게 저으며 미안해했다.

"아니에요. 할머니 잘못이 아니에요. 보뚜를 불러 달라고 한 제 탓이에요."

한편 밴디와 지나는 총소리가 난 숲으로 달려갔다. 어지럽게 난 사람 발자국은 찾았지만 사람의 모습은 볼 수 없었다.

분홍돌고래는 모두 분홍색일까?

분홍돌고래의 색깔은 아주 다양해. 짙고 선명한 분홍색이 있는가 하면 흐릿한 분홍도 있고, 청색을 띠는 회색, 짙은 회색, 어떤 돌고래는 여러 가지 색이 섞인 것처럼 보이기도 하지. 어떤 사람들은 회색이던 어린 돌고래가 나이를 먹으면서 분홍색으로 변한다고 말하기도 하는데 확실하지 않아. 분홍돌고래는 실제로 물의 온도나 탁한 정도에 따라 색깔이 변한다고 해.

"어떤 놈들이야? 단서라도 찾아야 잡을 텐데."

지나와 밴디는 눈을 부릅뜨고 밀림을 뒤졌다. 긴 막대기로 나무 위를 들춰 보고, 잘린 덩굴 주변을 뒤지고, 불을 피운 흔적이 있는지 살펴보았다.

"에잇!"

별다른 단서를 찾지 못하자 지나가 불룩하게 쌓인 나뭇잎 더미를 걷어찼다. 그러자 젖은 나뭇잎들이 흩어지며 하늘색 손수건이 귀퉁이를 비죽 내밀었다. 누군가 손수건을 떨어뜨린 게 분명했다. 그렇다면 손수건의 주인이 바로 숲에서 총을 쏜 사람일지도 모른다. 지나는 손수건을 요리조리 뒤집어 보았다. 귀퉁이에 보라색 실로 자수가 놓아져 있었다. 이름인 것 같았지만 워낙 흘려 쓴 글씨체라 알아볼 수는 없었다. 지나는 일단 손수건을 주머니에 쑤셔 넣었다.

분홍돌고래 사건 이후 팽 박사는 힘이 쭉 빠진 것 같았다. 뭔가 골똘히 생각하는 것 같기도 하고, 넋이 반쯤 나간 것 같기도 하고, 더위를 먹은 것 같기도 했다. 밴디가 카누까지 구해 와 태워 줬는데도 웃지도 않고 말도 통 하지 않았다.

"지나 양, 밴디 군, 나는 결심했어."

카누에 앉아 강물만 쳐다보던 팽 박사가 드디어 입을 열었다.

"우린 아마존에 폐만 끼치고 있어. 여길 떠나야겠어!"

그런데 막상 떠나겠다는 선언을 하고 나자 팽 박사는 아마존이 더 좋아졌다. 무엇이든 앞서 나가기 좋아하는 팽 박사는 떠나기도 전에 벌써부터 아마존이 그리워진 것이다.

팽 박사는 분홍돌고래와 추억이 어린 아마존 강에서 다시 한 번 헤엄을 치고 싶었다. 그래서 갑자기 옷을 훌렁훌렁 벗고는 강물로 뛰어들려고 했다.

"팽 박사야, 안 돼!"

밴디가 말렸을 때는 이미 팽 박사가 물속으로 사라진 뒤였다.

팽 박사가 물속에 들어가자마자 분홍돌고래가 그랬던 것처럼 손바닥만 한 물고기들이 팽 박사 주위로 다가왔다.

"이것 좀 봐. 물고기들이 나를 좋아해. 이것들을 주인공으로 해서 소설을 쓸까? 물고기들이 좀 작은데, 그래도 노벨상을 받을 수는 있겠지?"

사랑스런 분홍돌고래에게 그랬던 것처럼 팽 박사는 물고기들에게 손을 내밀었다. 물고기들은 살랑살랑 사랑스럽게 다가오더니 팽 박사의 손가락을 콱 물어뜯었다.

"으악! 물고기들이 나를 잡아먹으려나 봐."

팽 박사는 손목을 흔들어 물고기들을 떼어내고 전속력으로 카누를 향해 헤엄쳤다. 물고기들도 전속력으로 쫓아오며 팽 박사의 팔과 다리, 발바닥 등 드러난 피부를 사정없이 물어뜯었다.

"나를 잡고 올라와요! 어서요."

지나가 팔을 뻗어 팽 박사를 끌어올렸다. 물고기에게 뜯긴 자리에 송글송글 피가 맺혔다.

팽 박사가 카누에 오른 뒤에도 물고기들은 카누 주위를 맴맴 돌며 팽 박사를, 아니 사라진 먹잇감을 찾았다.

팽 박사를 먹어치우려 한 물고기들은 피라니아였다. 물에 빠진 말 한 마리를 뼈와 가죽만 남기고 순식간에 싹 먹어치운다는 전설의 식인물고기, 피라니아!

"피라니아 많이 사는 데 함부로 들어가면 안 된다. 먹을 것 부족하면 피라니아 사람도 공격한다."

밴디는 팽 박사의 상처에 정성껏 침을 발라 주었다. 팽 박사 대신 복수도 해 주었다. 낚시로 피라니아를 잡아 구워 준 것이다. 팽 박사는 생각보다 맛 좋은 피라니아를 무지막지하게 뜯으며 새로운 결심을 발표했다.

"아마존을 떠날 테야. 물고기들한테 당하면서까지 여기 있을 수는 없어. 아마존이 아니라면, 그래 극지방으로 가는 거야. 사람의 손때를 가장 안 탄 곳, 순백의 고장으로 말이지. 난 극지방으로 갈 테다.

피라니아는 식인 물고기일까

피라니아는 식인 물고기가 아니라 육식 물고기일 뿐이다. 우기(비가 오는 시기, 보통 12월~5월)가 되어 아마존 강에 먹이가 풍부할 때면 피라니아는 아무도 공격하지 않는다. 건강한 동물을 공격하는 일은 좀처럼 없다. 사실 피라니아는 하이에나처럼 청소동물이라 죽은 물고기를 주로 먹기 때문이다. 그래서 아마존 사람들은 피라니아가 우글거리는 물속에서도 안심하고 헤엄을 칠 수 있다. 하지만 건기(비가 오지 않는 시기, 6월~11월)가 되어 먹이가 귀할 때면 피라니아는 헤엄치는 사람을 먹잇감으로 착각하고 공격할 수 있다. 피라니아는 10~25센티미터의 작은 물고기이므로 한 마리만 있을 때는 위험하지 않지만 사냥을 위해 떼로 달려들면 무시무시하다.

북극곰이 사는 북극? 펭귄이 사는 남극? 어디가 좋을까?"

팽 박사는 손바닥에 침을 뱉어 탁 쳤다. 좀 더럽기는 했지만 침이 튀는 쪽이 운명의 방향이라 믿으며 그쪽으로 갈 생각이었다.

5. 떠돌이앨버트로스와 충돌할 뻔하다

"북극은 너무 멀어요. 우리가 있는 아마존이 남아메리카에 있으니까 여기에서 가까운 남극으로 가기로 해요."

지나는 팽 박사의 침이 북쪽으로 튄 것을 싹 무시한 채 남극으로 결정했다. 팽 박사는 끝끝내 북극으로 가자고 고집을 부리려다가 운명이려니 하고 받아들였다.

"박사님, 그런데 거기까지 뭘 타고 갈 거예요?"

"당연히 비행기를 타고 가야지. 그렇게 멀리 걸어가겠어? 날아가야지. 지나 양은 정말 말도 안 되는 얘기만 해."

팽 박사의 대답은 이번에도 어처구니가 없었다. 도대체 아마존 밀림 한복판에서 어떻게 비행기를 구한단 말인가! 지나는 하도 어이가 없어서 허허허, 헛웃음만 웃었다. 하지만 밴디는 달랐다. 아주 신이 난 표정으로 팽 박사와 지나를 어디론가 이끌었다.

"나, 알고 있다. 하늘을 나는 기계. 할아버지가 그랬다. 하늘을 날다가 떨어진 기계가 있다고. 저기, 저기."

밴디가 보여 준 것은 진짜 비행기였다. 제2차 세계대전 때나 날았을 법한 경비행기. 밀림 한구석에 이끼를 잔뜩 뒤집어쓴 채 잠을 자고 있었던, 예전에는 날았던 것이 분명한 진짜 비행기였다.

북극에는 어떤 동물이 살까

북극은 남극보다 더 따뜻하기 때문에 많은 동물이 산다. 북극곰, 북극여우, 순록, 사향소, 북극제비갈매기, 물범, 바다사자, 바다코끼리 등이 대표적이다. 또한 북극에는 예로부터 사람도 살았는데 북극에 사는 원주민을 이누이트라고

부른다. 이들의 전통 가옥은 얼음으로 만든 이글루이다. 온몸에 순백색의 털이 촘촘히 나 있는 북극곰은 북극에서 가장 크고 무서운 동물이다. 몸길이가 2~3미터에 달하고 몸무게는 150~650킬로그램이나 된다. 물범을 즐겨 먹는 북극곰은 겨울잠을 자지 않지만 먹이가 부족하면 움직임을 줄여 열량 소비를 줄인다.

"우아! 멋진걸. 지나 양, 조금만 고치면 남극까지 날아갈 수 있겠지? 어서 고쳐 봐. 응?"

팽 박사는 당연하다는 듯 지나에게 비행기 수리를 맡겼다. 사실 지나는 취미 삼아 오토바이 수리, 자동차 튜닝(자동차나 오디오 따위의 일부분을 개조하는 일), 경비행기 제작을 해 보았다. 하지만 자기가 태어나기도 전에 만들어진 낡은 경비행기를 고칠 엄두는 나지 않았다.

그렇다고 달리 뾰족한 수도 없었다. 지나는 하는 수 없이 팔목이 부서져라 녹슨 나사를 죄고, 손바닥이 시커메지도록 기름칠을 하고, 땀으로 목욕을 하며 용접을 하였다. 그동안 팽 박사는 한가로이 해먹에 누워 낮잠을 잤고, 밴디는 벌새를 쫓아다니며 꿀을 따 먹었다.

"다 됐어요. 이제 떠나요."

땀범벅, 기름범벅이 된 지나와 달리 푹 쉰 탓에 살이 통통 오른 팽 박사와 밴디가 경비행기에 올라탔다. 다라랑다라랑, 경비행기는 힘없는 엔진 소리를 내며 겨우 하늘로 떴다. 비행기 운전은 물론 지나의 몫이었다. 지나는 무조건 남쪽으로 방향을 잡았다.

"나침반을 잘 봐요. 방향이 틀어지면 당장 말해야 해요."

그러나 팽 박사는 이미 나침반 따위는 잊어 버렸다. 하늘에서 내려다본 울창한 아마존 밀림에 온통 마음을 빼앗겼기 때문이다. 밴디도 마찬가지였다. 하늘에서 내려다보니 끝도 없어 보이던 아마존 밀림이

지구의 일부분에 불과하다는 것을 알게 되었기 때문이다. 밴디는 새삼 세상이 얼마나 넓은지, 자신이 얼마나 작은 존재인지를 생각했다.

지나는 그런 생각을 할 틈도, 그런 감동을 받을 여유도 없었다. 일주일이 넘게 비행기 수리를 하느라 피곤한 탓에 눈꺼풀이 자꾸 내려왔다. 아무리 눈을 부릅떠도 소용이 없었다. 그러다가 살짝 졸았는지 갑자기 비행기가 심하게 흔들렸다.

 세상에서 가장 작은 새, 벌새

세상에서 가장 작은 새는 벌새다. 벌새 중 가장 작은 종류는 몸길이가 겨우 5센티미터 정도이지만 날갯짓은 새들 중 최고로 빠르다. 남아메리카벌새는 1초에 80번이나 날갯짓을 한다. 주로 공중에서 생활하는 벌새는 비행 능력이 아주 뛰어나서 한자리에서 계속 날 수도 있고 날면서 뒤로 갈 수도 있다. 활동량이 많은 만큼 먹이도 많이 먹는다. 꿀, 곤충 등을 주로 먹는데 하루에 자기 몸무게의 절반을 먹어치운다.

"지나 양, 뭐하는 거야?"

"으악! 떨어진다."

밴디가 두 손으로 제 머리를 감싸며 소리를 질렀다. 난생 처음 날아 보는 하늘이 생의 마지막 하늘이 될 것 같은 불안감이 몰려왔다.

"꽉 잡아요. 포효하는 40도 대예요."

"뭐라고?"

 포효하는 40도 대 – 남위 60도 대에서 남위 40도 대까지

지구를 적도를 중심으로 남북으로 평행하게 그은 가상의 선을 위도라고 한다. 위도는 적도를 0도로 정하고 위로 90도, 아래로 90도로 나뉜다. 그중 적도의 아래쪽을 남위라고 하는데, 남극은 남위 90도이다.

남극에서 가까운 남위 60도 대부터 남위 40도 대까지의 바다에는 늘 폭풍이 분다. 그래서 뱃사람들은 바다가 화난 것 같다며 '포효하는 40도 대', '격노한 50도 대'라는 별명을 지어 주었다. 앨버트로스는 이 바다 위를 유유히 날아다닌다.

"남위 40도 대에 부는 엄청난 폭풍이라고요. 격노한 50도 대에는 더 심한 폭풍이 부는데 이 고물 비행기가 버틸 수 있을지 모르겠어요. 아무튼 꽉 잡아요."

팽 박사는 의자에 납작 엎드렸다. 밴디는 눈을 꼭 감고 지나의 의자 등받이를 꽉 붙들었다. 비행기는 파도에 휩쓸린 조각배처럼 출렁거렸다. 밴디는 문득 이게 마지막이라면 하늘이라도 실컷 보자는 욕심이 생겼다. 밴디는 용기를 내어 창밖을 바라보았다. 그 순간 하늘에 흰 점이 반짝이는가 싶더니 커다란 흰 새가 우아하게 날아갔다. 폭풍에 휩쓸려 어쩔 줄 모르고 흔들리는 비행기와 달리 편안하게 유유히 날았다.

언뜻 봐도 엄청 컸다. 아마존에서 가장 크고 무서운 부채머리독수리보다 몸길이도, 날개 길이도 훨씬 커 보였다. 밴디는 새를 놓치지 않으려고 창문에 가까이 다가가다 그만 머리를 찧고 말았다.

"꽉 잡으라니까."

"저 새, 저 큰 새 뭐지?"

"누구? 떠돌이앨버트로스?"

앨버트로스라는 지나의 소리에 팽 박사도 고개를 번쩍 들고 창밖을 쳐다보았다. 앨버트로스는 요란한 소리를 내는 낡은 비행기가 조금도 무섭지 않은지 비행기 옆을 우아하게 날았다.

"정말 멋져. 저렇게 큰 새가 어떻게 하늘을 날지? 엄청 무거울 텐데……."

순간 팽 박사의 머릿속에 멋진 생각이 반짝 떠올랐다. 역시 팽 박사는 노력하는 과학자였다. 비행기가 추락할지도 모르는 이 위험한 순간에도 연구 과제를 생각해 내니 말이다.

"좋았어. 앨버트로스를 연구하겠어. 무거운 앨버트로스가 어떻게 하늘을 날 수 있는지 연구해서 노벨상을 타야지. 지나 양, 당장 멈춰. 앨버트로스가 사는 곳으로 가자고."

"앨버트로스가 사는 데는 바로 여기예요. 가긴 어딜 가요?"

"여기라니? 하늘에서 산단 말이야? 이 폭풍 속에? 내가 원하는 곳은 앨버트로스가 잠을 자는 집이야."

"앨버트로스는 날면서도 잘 수 있대요. 한 번 바람을 타면 몇 달씩 날 수 있으니까요."

"정말? 하지만 여기서는 연구를 할 수 없어. 비행기가 너무 흔들리잖아. 골까지 흔들린다고."

팽 박사가 투덜거리는 동안에도 밴디는 앨버트로스에서 눈을 떼지 못했다.

"몸집이 크니까 알도 되게 크겠다."

"맞다, 알!"

팽 박사는 밴디의 호기심에서 또다시 힌트를 얻었다. 남극이 가까워서 이곳의 바닷물은 얼음장처럼 차디찼다. 천하의 앨버트로스라도 이렇게 차가운 바다 위에 알을 낳지는 못할 것이다.

'어딘가 알을 낳고 부화시키는 둥지가 있겠지. 그 둥지만 찾으면 앨버트로스 연구는 식은 죽 먹기인데. 하지만 어떻게 둥지를 찾지?'

팽 박사는 또 고민에 빠졌다.

"정말 멋지다. 근데 앨버트로스 하늘 날면서 뭘 하나?"

"물고기를 잡아먹지. 옛날에 원양어선 타던 아저씨한테 들었는데 오징어를 되게 좋아한대. 그 아저씨가 그러는데……."

어릴 적 들은 앨버트로스에 관한 이야기를 하느라 지나가 밴디를 슬쩍 돌아본 순간 바람이 요동치면서 비행기를 번쩍 들어올렸다. 비행기는 위로 솟구쳤다가 기우뚱 기울어졌다. 바람을 타고 날던 앨버트로스 한 마리가 요동치는 비행기 때문에 놀라서 급작스럽게 방향을 바꾸었다. 하필이면 비행기와 정면으로 마주치는 쪽이었다.

"아아악!"

다음에 무슨 일이 일어났는지는 아무도 기억하지 못했다. 세 사람은 작은 섬에 떨어졌다. 나무 위에 떨어진 덕분에 목숨은 구했지만 놀란 가슴은 쉽게 가라앉지 않았다.

"아이고. 지나 양, 나 살아있는 거 맞아? 여기는 어디야?"

"살았는지 죽었는지 몰라도 여기가 남극이 아닌 건 분명해요."

"춥다. 이렇게 추운데도 남극 아니야?"

밴디는 소름이 오소소 돋은 양팔을 두 손으로 문지르며 물었다.

"당연하지. 여긴 나무가 있잖아. 남극엔 얼음뿐이라고."

지나는 가방에서 두꺼운 옷가지를 꺼내 팽 박사와 밴디에게 입혀 주었다. 그러고는 비행기에서 녹슨 공구 상자를 끌어내렸다.

"지나 양, 어디가 고장 났어? 고칠 수는 있는 거지?"

팽 박사가 곁에 쭈그리고 앉아 물었다.

"지나는 못 고치는 게 없다."

밴디도 아빠를 슈퍼맨이라고 믿는 순진한 어린아이 같은 눈으로 지나를 쳐다보았다. 엔진을 살피는 지나의 어깨가 더욱 무거워졌.

뚝딱뚝딱뚝딱. 지나는 애꿎은 엔진을 두드려 보고, 모터의 나사를 풀었다 조여 보고, 기어를 계속 당겼다 놓았다 하며 한숨을 푹푹 쉬었다. 비행기는 부릉거리는 소리조차 내지 않았다. 지나는 알고 있었다. 자신의 능력으로는 도저히 비행기를 고칠 수 없다는 것을.

몇 시간째 쭈그리고 앉아 구경만 하던 팽 박사와 밴디도 드디어 눈치를 챘다.

"지나 양, 비행기 못 고치는 거야? 그럼 우리 죽는 거고? 안 돼, 난 아직 노벨상을 못 탔다고!"

팽 박사가 발을 구르며 소리쳤다.

"괜찮다, 괜찮다. 지나는 할 수 있다."

밴디가 위로를 했지만 팽 박사의 귀에는 들리지도 않았다. 콧김을 씩씩 뿜으며 방방 뛰다가 갑자기 목도리를 질끈 동여맸다.

"구조 요청을 하러 갈 거야. 여기서 마냥 기다릴 수는 없어. 바닷가로 갈 거야. 관광객이나 낚시꾼을 만날지도 몰라."

팽 박사가 앞서 걸었다. 지나는 밴디에게 따라가라고 눈짓을 했다.

팽 박사와 밴디는 한참을 걸어 바닷가에 도착했지만 사람 그림자도 볼 수 없었다. 커다란 흰 새, 하늘에서 보았던 앨버트로스들만이 절벽 위를 가득 메우고 있었다.

"우아! 엄청 많다. 멋지다."

비행기가 추락한 섬은 우연히도 떠돌이앨버트로스가 둥지를 트는 섬이었던 것이다. 떠돌이앨버트로스 수컷들이 짝짓기를 위해 둥지가 있는 섬으로 몰려들고 있었다. 고르륵, 끽끽끽. 수컷들은 시끄럽게 소리를 지르며 빈 둥지를 찾아 고치고, 짝을 기다렸다. 앨버트로스는 2년에 한 번씩 짝짓기를 하는데 한 번 정한 짝은 죽을 때까지 바꾸지 않는다.

"앨버트로스의 몸무게를 재야겠어. 날개 길이도. 발바닥도 찍어 봤으면 좋겠군. 폭풍 속에서 잘 나는 비밀을 밝혀야지."

팽 박사는 구조 요청을 하러 온 것도 까먹고 연구열을 불태웠다.

앨버트로스들 사이를 헤치고 걸어간 팽 박사는 덩치가 좀 작아 보이는 녀석 앞에 섰다. 그런데 팽 박사가 줄자를 꺼내 들자마자 앨버트로스가 날개를 퍼덕이며 팽 박사를 때렸다.

"밴디, 좀 도와줘. 독화살 남은 거 없어? 아무래도 잠깐 기절시켜야겠어."

밴디는 독화살을 쏠 생각이 조금도 없었다. 앨버트로스가 사람 목숨을 위협하는 것도 아닌데, 고작 연구를 위해 독화살을 쏘는 것은 나쁜 짓이었다. 맞다, 나쁜 짓. 세상에서 제일 착한 팽 박사가 나쁜 짓을……. 그 순간 앨버트로스가 또 팽 박사를 후려쳤다.

"알았어, 알았다고. 그냥 사진만 찍어 갈게. 그만 좀 때리라고."

하는 수 없이 팽 박사는 뒷걸음질로 물러서며 마요 카메라로 사진을 찍었다.

그러다 검붉은 액체에 발이 미끄러져 엎어지고 말았다.

"윽, 이게 뭐야? 앨버트로스가 토했어? 식중독이야?"

"피, 피다. 앨버트로스 피 같다."

그러고 보니 비릿한 냄새는 앨버트로스의 똥 냄새가 아니라 죽은 앨버트로스들에게서 나는 냄새였다. 꽤 많은 앨버트로스들이 죽어 있고, 가슴 털과 날개깃이 숭덩숭덩 뽑혀 있었다.

바람을 타고 나는 앨버트로스

바람은 내 친구!

앨버트로스는 한 번 날아오르면 몇 달 동안 발을 한 번도 땅에 딛지 않고 날 수 있어. 이렇게 날 수 있는 이유는 훨훨 날갯짓을 하는 대신 두 날개를 일직선으로 글라이더처럼 뻗어 바람을 타고 활공비행을 하기 때문이야. 바람이 부는 한 앨버트로스는 얼마든지 날 수 있어.

떠돌이앨버트로스
몸길이 : 1.3미터
날개 길이 : 3.4미터

아프리카대머리황새
몸길이 : 1.5미터
날개 길이 : 3.6미터

부채머리독수리
몸길이 : 1미터
날개 길이 : 2미터

앨버트로스의 새끼 사랑

앨버트로스는 한 번 맺은 짝하고만 짝짓기를 해. 암컷은 2년에 한 번, 달걀 일곱 개를 합친 듯한 크기의 큼직한 알을 낳아 79일 동안 품어 부화시켜. 며칠 동안 두꺼운 알껍데기와 씨름을 하고 밖으로 나온 새끼 앨버트로스는 약 9개월 동안 엄마, 아빠가 잡아 온 오징어를 먹으며 통통하게 자란단다. 어느 날 더 이상 엄마, 아빠가 찾아오지 않으면 새끼 앨버트로스는 혼자 나는 연습을 하고 바람이 충분히 부는 날을 골라 바다로 날아가.

"세상에, 누가 여기까지 와서 앨버트로스를 사냥한 건가? 옛날에는 앨버트로스 털로 점퍼를 만들었다는데 누가 또 그런 거야? 아냐, 아냐. 앨버트로스들끼리 싸우다 죽은 걸 거야, 그렇지?"

팽 박사는 고개를 절레절레 저었지만, 밴디는 짝짓기를 위해 모인 앨버트로스 무리에 이상하고 어두운 기운이 감도는 것을 느꼈다.

한편 지나는 공구 상자에서 낡은 신호탄을 발견했다. 지나는 마지막 희망을 담아 신호탄을 쏘아 올렸다. 휘우웅 소리와 함께 빨간색의 연기가 하늘로 치솟았다. 애타는 마음만큼 붉은 연기가 사라질 때까지 지나는 눈을 떼지 못하고 쳐다보았다.

연기가 흔적도 없이 사라졌을 때, 멀리서 노란 고수머리의 청년이 나타났다.

"와아! 살았다."

지나는 청년을 향해 전속력으로 달려갔다. 지나를 본 청년은 무척 놀란 표정이었다. 하지만 지나는 숨이 너무 차서 청년의 표정을 살필 새가 없었다.

"고마워요. 우릴 구조하러 와 줘서 정말 고마워요. 팽 박사님은 나만 믿고 있지, 밴디는 아무것도 모르는 어린애 같지, 정말 어찌할 바를 몰랐거든요. 대책 없이 따라온 내가 바보 같아요. 그렇죠?"

지나는 자신을 구조하러 온 고마운 청년에게 그동안 있었던 일을 주저리주저리 털어놓았다. 팽 박사가 얼마나 대책 없는 사람이며, 아마존에서 얼마나 고생을 했으며, 앨버트로스를 피하다 비행기가 떨어진 일까지…….

청년은 지나의 말이 지루한 듯 몇 번이나 하품을 했지만 지나는 말을 멈추지 않았다.

"그러고도 꼭 남극에 가겠다니 말이 돼요? 어떻게 될지도 모르면서 남극에 사는 펭귄을 연구한다고 신청은 언제 해 놓았는지……. 휴."

지나가 겨우 말을 멈추고 한숨을 내뱉었다. 순간 청년의 눈이 반짝 빛났다.

"남극엘 간다고요? 관광이 아니라 연구하러? 허가는 받았나요? 남극엔 얼마나 머무를 거예요? 연구 캠프는 펭귄 서식지 가까이에 있나요? 아참, 저는 비비씨라고 합니다."

비비씨가 갑자기 질문을 퍼부었다. 지나는 잘생긴 청년이 관심을 보이는 게 좋아서 허풍까지 살짝 섞어 설명해 주었다.

"당연히 허가는 받았죠. 우리 팽 박사님이 이래 뵈도 국제동물학회 회원이거든요. 남극에 가면 세종기지 사람들이 맨발로 나와 반길걸요. 뭐, 동상에 걸릴지도 모르니까 맨발은 아니더라도, 암튼 두 팔 벌려 환영할 거예요."

"와우! 저도 같이 가요. 황제펭귄을 가까이에서 찍는 게 제 소원이에요. 예쁜 아가씨, 제 소원을 들어주실 거죠?"

비비씨의 갑작스러운 부탁에 지나는 좋기도 하고 어리둥절하기도 했다.

"아유, 저는 너무 좋지만 해양구조대가 그렇게 자유로운 직업인가요?"

"핫핫핫. 전 해양구조대가 아니랍니다. 다큐멘터리 작가예요. 앨버트로스를 촬영하러 이 섬에 왔다가 운 좋게 아가씨를 만나게 됐네요. 행운의 아가씨, 제 배를 타고 함께 남극으로 가실까요?"

물론 지나는 대찬성이었다. 이렇게 멋진 비비씨와 함께라면 남극의 추위도 문제없을 것 같았다. 더구나 비행기도 고장 난 지금, 섬을 빠져나갈 방법은 비비씨의 배뿐이지 않은가.

결국 팽 박사 일행은 비비씨의 배를 얻어 탔다. 남극의 추위를 견딜 수 있다는 특별한 방한복도 얻어 입었다. 장갑, 목도리, 모자까지 둘러쓰니 순식간에 곰처럼 변했지만 그저 감사할 따름이었다.

"다들 옷은 잘 맞나요? 따뜻하죠?"

비비씨가 친절을 베푸는 데도 불구하고 밴디는 비비씨의 옷에서 깃털을 뽑아내며 무례하게 굴었다.

"뭐 하는 거야?"

비비씨가 버럭 소리를 질렀다. 밴디는 팽 박사에게 깃털을 보여 주었다.

"앨버트로스 털이다. 앨버트로스 털로 만든 옷이다."

"아니에요. 이건 거위 털이에요. 중국제 거위 털. 남극은 추우니까 거위 털 방한복을 입어야 해요. 감히 앨버트로스 털을 뽑아 옷을 만들다니 말이 돼요? 난 자연 다큐멘터리 작가라고요! 동물을 끔찍히 사랑한다고요!"

"맞아, 밴디가 잘못 봤을 거야."

지나는 무조건 비비씨의 편을 들었다. 팽 박사는 춥고 귀찮아서 비비씨의 말을 냉큼 믿기로 했다. 밴디는 어쩔 수 없이 고개를 끄덕였지만 비비씨의 말을 믿지는 않았다. 마음 깊은 곳에서 비비씨를 경계하라는 목소리가 들렸기 때문이다.

6. 펭귄의 왕국에서 추방당하다

드디어 남극의 얼음 땅에 도착했다. 밴디는 얼음 깨지는 소리, 시끄럽게 울어 대는 새소리, 거친 파도 소리, 거센 바람 소리를 하나하나 귀에 담았다. 아마존의 후텁지근하고 열광적인 소리와 달리 남극의 소리는 얼음장처럼 차갑고 쨍쨍했다. 그리고 함께 들리는 거드름이 잔뜩 낀 비비씨의 목소리는 느끼하고 미끄덩했다. 그나마 모자에 귀가 가려져 비비씨의 목소리가 잘 들리지 않아 천만다행이었다.

　"지나 씨, 여기 좀 봐요. 남극을 배경으로 아름다운 모습을 찍어 줄게요."

　남극의 자연을 찍으러 왔다는 비비씨는 코가 빨갛게 언 지나만 찍어 댔다. 진짜 자연 다큐멘터리 감독인지 심히 의심스러웠다.

　팽 박사 일행은 남극 동물 연구소 옆에 영하 80도의 추위도 견딜 수 있는 텐트와 침낭으로 잠자리를 마련했다. 여름인 것이 천만다행이었다. 남극의 여름은 하루 스무 시간 넘게 낮이 계속되기 때문에 깊은 잠을 잘 수 있을지는 모르겠지만.

　"어서 황제펭귄을 만나러 가요. 황제펭귄이 그렇게 부성애가 깊다면서요? 털도 부드러운가요, 밍크처럼? 북극곰은 좀 뻣뻣하던데."

　비비씨가 카메라를 들고 설쳐 댔다. 하지만 팽 박사는 황제펭귄에게 별 관심이 없었다. 가까이에 쉰 소리로 울어 대는 다른 펭귄들이 그득한데 굳이 먼 길을 걸어 황제펭귄을 보러 가고 싶지는 않았다. 하는 수 없이 비비씨도 황제펭귄을 포기하고 팽 박사를 따라나섰다.

팽 박사 일행은 펭귄의 소리를 쫓아 걸었다. 두꺼운 털 장화 때문에 걷는 일이 보통 힘든 게 아니었다. 지나는 넘어지는 척하며 일부러 비비씨의 팔을 잡았다. 그런데 먼저 펭귄을 발견한 밴디가 "우아! 귀엽다!" 하고 소리치자 비비씨는 지나를 팽개치고 달려가는 게 아닌가. 그 바람에 지나는 균형을 잃고 얼음판에 쾅당 넘어졌다.

"아얏! 너무 아파."

밴디가 뒤뚱뒤뚱 되돌아와 지나를 일으켜 주었다.

"예술가는 원래 한 가지 일에 몰두하면 다른 걸 살필 여유가 없지."

지나는 애써 비비씨 편을 들었다. 하지만 서운한 마음이 드는 것은 어쩔 수 없었다.

"다들 저렇게 작아서야 어디다 쓰나?"

젠투펭귄도, 아델리펭귄도, 턱끈펭귄도 황제펭귄에 비해 턱없이 작은 것을 보고 비비씨가 중얼거렸다. 귀가 밝은 밴디가 비비씨의 말을 듣고 되물었다.

"어디다 써?"

"어? 뭐라고? 난 아무 말도 안 했는데. 팽 박사님, 아델리펭귄도 수컷이 알을 품나요? 황제펭귄만 수컷이 알을 품는 줄 알았더니 다 그런가 봐요. 박사님이 전문가니까 설명을 좀 해 주세요. 자, 카메라 돌아갑니다."

비비씨는 팽 박사에게 카메라를 들이 대며 말을 돌렸다.

"지금은 젠투펭귄과 아델리펭귄이 알을 품고 있습니다. 턱끈펭귄은 일주일 정도 늦습니다. 아델리펭귄은 암컷이 알을 낳으면 수컷이 먼저 알을 품습니다. 그 사이 암컷은 먹이를 먹으러 나갔다가 2주쯤 뒤에 돌아와 교대를 하고, 이번에는 수컷이 먹이를 먹으러 갔다가 열흘 후쯤 돌아와 교대를 하고, 또 암컷이 나갔다가……. 그렇게 5주 정도 지나면 새끼가 태어납니다. 힘들기는 해도 황제펭귄보다는 좀 낫습니다. 황제펭귄은 한겨울에 새끼를 낳아서 사서 고생을 하거든요. 아델리펭귄은 여름에 새끼를 낳으니……."

펭귄에 대해서는 좀 아는 팽 박사가 한껏 잘난 척하며 '동물의 왕국' 성우 목소리 톤으로 설명을 하기 시작했다. 이럴 때 보면 진짜 동물 박사처럼 똑똑해 보이지만 사실은 동물에 관한 지식이 엉성하기 짝이 없었다. 중학생 때부터 동물 공부를 했다는데, 어떻게 된 게 아는 분야는 엉뚱하고 잡다한 부분까지 알고 있고, 모르는 분야는 유치원생 수준도 안 되었다. 아무튼 팽 박사의 말이 길어지자 비비씨는 아델리펭귄의 무리 쪽으로 카메라를 돌리더니 그리로 뛰어가 버렸다.

펭귄의 적

남극도둑갈매기는 펭귄 둥지 옆으로 날아와 호시탐탐 기회를 노리다 알을 물고 날아가거나 새끼 펭귄을 잡아먹어. 덩치가 크고 사나운 얼룩무늬물범은 헤엄치는 펭귄들을 뒤따라가 사냥해. 사냥한 펭귄을 물 위로 던지며 찢어 먹지. 범고래는 여러 종류의 물고기들을 닥치는 대로 잡아먹는데, 펭귄을 무척 좋아해서 위험을 무릅쓰고 펭귄이 사는 바닷가로 헤엄쳐 온다고 해.

펭귄의 종류와 크기

- 황제펭귄 / 키: 120cm / 몸무게: 22~37kg
- 젠투펭귄 / 키: 70~80cm / 몸무게: 5.5~6.2kg
- 임금펭귄 / 키: 90cm / 몸무게: 14~18kg
- 아델리펭귄 / 키: 70cm / 몸무게: 4~6kg
- 쇠푸른펭귄 / 키: 40cm / 몸무게: 1kg
- 턱끈펭귄 / 키: 70cm / 몸무게: 4.5kg

펭귄은 남극에서만 살까?

갈라파고스 제도와 남아프리카, 오스트레일리아 남부, 뉴질랜드에도 펭귄이 살아. 펭귄이 사는 곳을 정확히 말하면, 남극이 아니라 적도 아래인 지구의 남반부에 살고 있다고 할 수 있지.

"에헴, 헴! 설명을 잘 듣고 찍어야 멋진 다큐멘터리가 나올 텐데."

팽 박사는 아쉬운 듯 입맛을 다셨다.

펭귄 연구는 생각보다 만만하지 않았다. 사람을 만난 적이 없는 펭귄들은 사람을 무서워하지 않고 다가왔지만 몸무게라도 재려고 하면 똥을 찍 싸 대고, 쭈그려 앉아 얼굴 모양을 관찰하려고 하면 날개로 팽 박사의 뺨을 후려쳤다. 그나마 덩치가 작아서 다행이지 황제펭귄처럼 크면 맞아 쓰러지는 일도 허다할 것 같았다.

비비씨는 기름기가 잘잘 흐르는 아델리펭귄의 깃털을 몇 번 만져 보더니 흥미를 잃었는지 통 나타나지 않았다. 팽 박사도 마요 카메라로 사진 한 장을 찍더니 "춥다."며 숙소로 돌아가 버렸다.

밴디는 펭귄처럼 자갈을 모아 둥지를 만들고 펭귄인 척하고 웅크린 채 시간을 보냈다. 처음에는 펭귄들이 밴디를 보고 공격을 했다. 밴디가 알을 훔쳐 가고, 새끼를 공격하는 도둑갈매기인 줄 안 것이다. 하지만 하루, 이틀, 시간이 지나도 밴디가 아무런 공격을 하지 않자 밴디를 무리의 한 마리로 인정해 주었다. 밴디는 펭귄을 보며 앨버트로스를 떠올렸다. 얼마 전에 본 앨버트로스는 하늘에서 잠을 잘 정도로 하늘을 훨훨 나는데, 펭귄은 왜 날개가 있는데도 하늘을 포기하고 바닷속에서 날듯이 헤엄치게 되었을까? 도대체 펭귄에게 무슨 사연이 있었길래······.

찬바람에 몸이 땡글땡글 얼면서 잠이 몰려왔다. 밴디가 꾸벅 졸다 눈을 딱 떴을 때, 펭귄 한 마리와 눈이 마주쳤다. 펭귄의 주둥이에는 자갈이 물려 있었다. 옆집 펭귄이 밴디 둥지의 자갈을 훔치다 딱 걸린

 날듯이 헤엄치는 새

어떤 새들은 날기보다 헤엄치기를 더 잘한다. 펭귄은 몸이 무거워 날지 못하지만 잠수는 아주 잘한다. 물속에서 두 날개를 동시에 저으며 날듯이 헤엄을 친다. 펭귄은 500미터 깊이까지, 한 번에 20분 넘게 물속에 머무를 수 있다.

날 수 있으면서 헤엄도 잘 치는 새로는 가마우지가 있다. 가마우지는 몸과 깃털에서 공기를 빼내 몸을 무겁게 만든 다음 물속에 들어가 발을 이용해 빠르게 앞으로 나아가며 오징어와 물고기를 잡아먹는다.

그런데 물고기를 잡으러 물에 들어간 새들이 물고기에게 잡아먹히기도 한다. 아귀는 기러기물고기라는 별명이 있을 정도로 기러기를 비롯한 많은 새들을 잡아먹는다. 대구, 상어 등도 물속에 들어온 새를 노린다고 한다.

것이다. 밴디가 화를 내지 않고 말똥말똥 쳐다보기만 하자 옆집 펭귄은 돌을 문 채로 뒤뚱뒤뚱 제 집으로 돌아갔다. 그러고는 훔친 돌로 제 둥지를 정성껏 손질했다.

밴디는 텐트로 돌아와 자갈 도둑 이야기를 해 주었다. 팽 박사는 그 좋은 광경을 자신이 봐야 한다며, 비비씨는 다큐멘터리로 찍어야 한다며 야단법석을 떨었지만 막상 펭귄 둥지에 가 볼 생각은 하지 않고 따뜻한 텐트 안에서 뒹굴뒹굴 낮잠만 잤다.

며칠 뒤 팽 박사가 느닷없는 선언을 했다.

"오늘은 황제펭귄의 서식지를 찾아간다. 출동!"

"아델리펭귄 헤엄치는 거 구경 가기로 했다. 황제펭귄 멀리 있어서 연구 안 한다고 했다."

밴디는 불만이었지만 비비씨가 어떻게 팽 박사를 구워삶았는지, 팽 박사는 결심을 바꾸지 않았다. 지나는 감기에 걸려 텐트에서 쉬기로 했다. 열이 40도 가까이 오르락내리락하면서도 비비씨를 돕지 못해 안타까워했다.

"내가 비비씨 도와줘야 하는데…… 미안해요."

비비씨는 보답이라도 하려는 듯 자신의 손수건에 얼음을 싸서 지나의 이마에 얹어 주었다.

"금방 나을 거예요. 예쁜 아가씨. 그럼 안녕!"

남극에서 지도를 보고 길을 찾는 일은 끝없는 모래사막에서 지도를 보며 길을 찾는 것만큼 어려운 일이었다. 팽 박사 일행은 결국 황제펭귄은 구경도 하지 못하고 길을 잃고 말았다.

"지나가 있었다면 지피에스(GPS: 인공위성을 이용하여 자신의 위치를 정확히 알아낼 수 있는 시스템)를 준비해서 길을 찾았을 텐데. 우리 그냥 돌아가자. 지나가 나으면 그때 다시 오지, 뭐."

"그래요, 박사님은 얼른 돌아가세요. 감기 걸릴까 봐 걱정이네요. 저는 조금 더 둘러볼게요."

비비씨가 팽 박사의 옷깃을 여며 주며 친절하게 말했다. 콧속까지 땡땡 얼어붙은 팽 박사는 그 말이 무척 반가워서 냉큼 대답했다.

"그럼. 연구도 중요하지만 건강이 더 중요하지."

"네, 그럼요. 연구는 걱정 마세요. 제가 황제펭귄 동영상을 찍어 올게요. 나중에 제 영상을 보고 연구하시면 되잖아요. 밴디 군. 어서 팽 박사님을 모시고 가게나, 어서. 그럼 나는 이만……."

비비씨는 서둘러 인사를 하고 황제펭귄을 찾아 떠났다.

"비비씨, 길 모른다. 나중에 같이 가자."

밴디가 불렀지만 비비씨는 뒤도 안 돌아보고 휘이휘이 가 버렸다.

"팽 박사야, 느낌이 안 좋다. 우리도 같이 가자."

비비씨의 뒷모습을 바라보며 밴디가 말했다. 그러나 팽 박사는 벌써 반대쪽으로 부지런히 걸어가는 중이었다. 발걸음을 바삐 움직이며 팽 박사는 다행이라고 생각했다. 비비씨가 황제펭귄을 꼭 찾아야 한다고 고집을 피웠으면 이 추운 날씨에, 이 넓은 남극 땅을 얼마나 헤매야 했을까. 생각만 해도 몸서리쳐지게 춥고 피곤한 일이었다. 그런 고생을 비비씨 혼자 하다니 비비씨가 춥건 말건, 길을 잃건 말건 팽 박사에게는 참 다행한 일이었다.

그런 생각을 하다가 팽 박사는 흠칫 놀랐다. 자신이 밴디가 생각하는 100분의 1만큼도 착하지 않다는 것을 깨달았기 때문이다. 하지만 그것으로 끝이었다. 남극은 착하기에는 너무 추웠다.

'여기는 남극이니까 어쩔 수 없어. 따뜻한 우리나라에 가면 정말 착해질 테야.'

팽 박사는 스스로를 위로하고 또 위로했다.

그날 이후 팽 박사와 밴디, 지나 모두 텐트에서 한 발짝도 나가지 못했다. 독한 감기에 걸려 움직일 수 없었기 때문이다. 그런데 감기가 다 나을 때까지도 비비씨는 돌아오지 않았다.

팽 박사의 감기가 겨우 떨어졌을 무렵, 남극 동물 연구소 연구원들이 우르르 몰려왔다.

"이제야 병문안을 오다니 무심하기도 해라."

팽 박사는 연구원들을 나무랐다. 하지만 연구원들은 남극의 찬바람보다 더 싸늘한 눈빛으로 팽 박사와 지나를 노려보았다. 아무래도 병문안을 온 것 같지는 않았다.

"당신들, 남극에 온 목적이 뭐요?"

연구원들이 날카롭게 물었다. 팽 박사는 딱 한마디, 멋진 말로 대답하여 연구원들의 코를 납작하게 해 주고 싶었다. 그래서 어깨를 뒤로 젖히고 한껏 으스대며 말했다.

"노벨상 연구!"

"쳇, 거짓말도 정도껏 하시지."

전혀 예상하지 못한 반응이었다.

"너희들, 밀렵꾼 아냐? 국제동물보호학회 소속이라는 것도 다 거짓말이지?"

팽 박사는 당황해서 말문이 막혔다. 자존심이 너무 상해서 화가 났다. 분노가 솟구쳤다. 비록 이렇다 할 만한 과학상은 한 번도 타지 못했지만 어려운 살림에도 국제동물보호학회 회비만은 꼬박꼬박 내고 있는데 뭐이라고?

"무슨 오해가 있는 모양이에요. 우리 팽 박사님은 밀렵은커녕 개미 한 마리도 제 손으로 못 잡는 분이라고요."

지나가 침착하게 설명을 했다. 하지만 연구원들은 막무가내로 믿지 않았다.

"우리에게 말도 안 하고 황제펭귄 서식지를 찾아가는 게 수상하다 했어. 너희들이 왔다 간 다음 황제펭귄 서식지가 파괴되었어. 펭귄들도 여러 마리 사라지고, 가죽이 벗겨진 펭귄들도 발견되었지. 이래도 오리발이야? 당장 남극에서 사라져!"

팽 박사는 기가 막혔다. 중간에 길을 잃는 바람에 황제펭귄은 구경도 하지 못했는데 펭귄 학살죄로 남극에서 쫓겨나게 생겼으니……. 어떻게 하면 이 오해를 풀 수 있을까?

"맞다, 비비씨. 비비씨의 카메라를 보면 우리가 길을 잃고 그냥 돌아가는 게 찍혔을 거야. 비비씨만 찾으면 우리의 결백을 증명할 수 있어. 황제펭귄 만나러 가다 우린 돌아오고 비비씨 혼자 다큐멘터리 찍으러 갔거든. 혹시 비비씨 봤어? 응? 올 때가 지났는데……."

연구원들은 굳은 표정으로 고개를 저었다. 여전히 팽 박사가 거짓말을 한다고 생각하는 것 같았다.

"밴디야, 뭐라고 말 좀 해 봐. 응? 우리는 결백하잖아, 결백하다고."

"어쨌든 돌아가자."

밴디가 묵직하게 말했다. 그 말이 거역하면 안 되는 명령처럼 느껴져 팽 박사도 짐을 챙겼다. 정말 치욕스러운 추방이었다. 팽 박사는 이런 모욕을 당하면서 동물학자로서의 삶을 계속 살아야 할지 심각한 고민에 빠졌다.

7. 오리주둥이를 최초로 발견하다

팽 박사 일행은 배를 타고 남극에서 가까운 오스트레일리아 대륙으로 떠났다.

"어머! 캥거루랑 코알라를 진짜로 보게 되는 거예요? 우리 태즈메이니아 섬에도 갈까요? 또 알아요, 태즈메이니아데빌을 만날 수 있을지? 냄새가 무진장 고약하다던데, 스컹크보다 더 심하려나? 아! 기절하면 어쩌지?"

악마라는 이름이 붙은 태즈메이니아데빌

태즈메이니아데빌은 '태즈메이니아 섬에 사는 악마'라는 고약한 이름을 가졌다. 하지만 이름과 달리 난폭하지는 않다. 고양이만 한 몸집에 작은 곰을 닮은 그리 못생기지도 않은 동물이다. 주로 죽은 동물을 먹기 때문에 몸에서 참을 수 없을 만큼 역겨운 냄새가 나고, 소름 끼치도록 섬뜩한 울음소리를 낸다는 점이 고약하다면 고약할 뿐.

지나는 팽 박사의 기분을 돋우려고 일부러 호들갑을 떨었다. 그러나 팽 박사는 흐린 눈빛으로 바다만 쳐다보았다. 잠잠하던 바람이 변덕을 부려 돌풍이 몰아치고 파도가 높이 솟았다. 팽 박사의 가슴속에도 뜨거운 것이 불쑥 솟았다. 팽 박사는 크게 소리를 질러 가슴속의 뜨거운 기운을 꺼내고 싶었다.

팽 박사는 배 가장자리에 위태롭게 서서 외쳤다.

"나는 과학자다! 나는 펭귄을 해치지 않았다! 나는 동물을 사랑한다. 나는 꼭…… 노벨상을 탈 거다!"

팽 박사의 눈에서 눈물이 주르르 흘렀다. 순간 돌풍이 갑자기 방향을 바꾸어 불어와 배가 크게 흔들렸다. 눈물을 닦느라 손잡이를 놓고 있던 팽 박사는 그만 얼음장처럼 차가운 바다에 빠지고 말았다.

"살려 줘! 살려 줘!"

지나와 밴디는 팽 박사가 일부러 바다에 뛰어든 줄 알고 소스라치게 놀랐다. 지나는 아예 주저앉아 엉엉 울어 버렸다. 수없이 싸우고, 무시하고, 구박했지만 팽 박사는 지나의 둘도 없는 친구였던 것이다.

"팽 박사야! 죽으면 안 돼. 자살은 나쁘다."

밴디는 착한 팽 박사가 스스로 목숨을 끊으려 했다는 것을 믿을 수 없었다. 착한 사람들은 절대 스스로 죽지 않는다. 동물들처럼 최선을 다해 산다.

선원들은 팽 박사를 구하기 위해 구명보트와 담요, 따뜻한 물 등을 준비했다. 모두 빠르고 정확하게 움직였다. 그러나 바다에 빠진 팽 박사에게는 그 시간도 너무 길었다. 바다는 너무 깊고, 파도는 너무 높고, 물은 너무 찼다. 상어라도 나타난다면 이대로 잡아먹히고 말 것이다. 마침내 구명보트를 바다로 내리고 선원들이 온 힘을 다해 노를 저어 갔다. 하지만 팽 박사는 서서히 정신을 잃었다.

"앗! 백상아리다!"

파도 위로 크고 날카로운 꼬리 세 개가 불쑥 나타났다. 백상아리들은 팽 박사의 냄새를 맡았는지 팽 박사 쪽으로 서서히 헤엄쳐 왔다. 배에 있던 사람들은 발을 동동 구르며 소리를 질렀다. 그러나 누구 하나 나서지 못하고 안타깝게도 그 모습을 보고 있을 수밖에 없었다.

그 때 어디선가 우우웅 돌고래 떼가 몰려왔다. 돌고래들은 팽 박사 주위를 둥글게 감쌌고, 그중 가장 큰 돌고래는 팽 박사에게 자기 몸을 바짝 붙였다.

"나를 꼭 붙잡아."

돌고래가 속삭였다. 보통 사람들은 돌고래의 말을 알아들을 수 없다. 하지만 그 순간 팽 박사의 귀에는 분명히 들렸다. 거센 파도가 시끄러운 소리를 내고 있음에도 불구하고 아주 똑똑히 들렸다. 팽 박사는 돌고래의 미끈한 몸뚱이를 꽉 잡았다. 다른 돌고래들이 팽 박사 주위를 둘러쌌다. 마치 백상아리와 팽 박사 사이에 울타리를 친 것처럼.

"돌고래가 팽 박사 구해 줄 거다. 오래 전에 헤어진 분홍돌고래 친구다."

밴디가 말했다. 밴디도 돌고래의 목소리를 들은 것이다. 사람들은 못 믿겠다는 듯 고개를 저었지만 돌고래 때문에 백상아리가 팽 박사를 공격하지 못하는 것은 사실이었다. 눈으로 보고도 믿기지 않는 광경이었다.

구명보트가 다가가자 돌고래들은 길을 터 주었고, 선원들은 팽 박사를 구명보트로 끌어올렸다. 돌고래들은 나타날 때처럼 우우웅 소리를 내며 멀리 헤엄쳐 갔다. 언제 사라졌는지 백상아리의 거대한 꼬리도 사라지고 없었다. 돌고래 덕분에 팽 박사는 목숨을 구한 것이다.

정신을 차리자마자 팽 박사는 당장 한국으로 돌아가겠다며 길길이 날뛰었다. 하지만 팽 박사가 자신에게 얼마나 소중한 친구인지 단단히 깨달은 지나는 허락하지 않았다.

"그 몸으로는 비행기를 탈 수 없어요. 박사님은 쉬어야 해요."

팽 박사는 어쩔 수 없이 오스트레일리아 동부의 시골 마을로 요양을 갔다.

아마존의 후텁지근한 밀림이나 남극의 극심한 추위에 비교하면 아주 평화롭고 살기 좋은 마을이었다. 자동차를 타고 한 시간만 가면 코알라가 사는 유칼립투스 숲에 갈 수 있고, 차를 타고 두 시간만 가면 캥거루도 볼 수 있었다. 밴디는 아마존에서 볼 수 없는 새로운 동물들을 찾아보며 즐거운 한때를 보냈다. 하지만 몸과 마음이 지친 팽 박사는 모든 게 귀찮아서 집 앞의 강가에 낚싯대만 드리운 채 시간을 보냈다. 누군가 말을 걸면 낚시에 푹 빠져서 아무것도 못 듣는 사람 시늉을 하면서.

 오스트레일리아에만 사는 주머니동물들

주머니동물은 애벌레만큼 작은 새끼를 낳아 주머니에서 키운다. 주머니동물은 새끼에게 젖을 먹이기 때문에 포유류에 속한다. 아메리카대륙에 사는 주머니쥐 종류를 빼고는 모두 오스트레일리아와 뉴질랜드에 산다. 캥거루, 코알라, 왈라비, 태즈메이니아데빌, 유대하늘다람쥐, 주머니두더지, 주머니여우 등이 있다.

어느 날 저녁 무렵, 팽 박사는 낚시를 하다가 수달처럼 보이는 작은 동물이 헤엄치는 것을 보았다. 그런데 자세히 보니 수달치고는 주둥이가 너무 큰 게 아닌가!

"돌연변이인가? 주둥이가 꼭 오리를 닮았네."

팽 박사는 대수롭지 않게 생각하며 집으로 돌아왔다. 마침 크리스마스 전날 저녁이라 집 안이 시끌벅적했다. 지나가 마을 사람들을 몽땅 초대해서 파티를 연 것이다. 마을 사람들은 과일과 케이크, 꽃을 선물로 들고 왔다.

"팽 박사님께 아주 특별한 선물을 가져왔어요."

마을에 사는 아저씨 한 분이 상자 하나를 내밀었다. 팽 박사는 좋아서 찢어지려는 입을 겨우 다물고 상자를 열었다. 이상하게 생긴 동물 두 마리가 들어 있었다.

"앗! 이 동물은?"

아까 강에서 본 수달을 닮은 동물이었다. 꼬리는 비버같이 넙적하고, 주둥이는 오리 부리처럼 툭 튀어나오고, 몸은 수달같이 날렵한. 두 마리의 동물은 엄마와 아기 같았다. 팽 박사는 희한하게 생긴 이 동물이 마음에 쏙 들었다.

"그런데 이 동물 이름이 뭐예요?"

팽 박사의 질문에 동물을 가져온 아저씨가 싱긋 웃으며 고개를 저

었다.

"잘 모르겠으니 박사님께 가져온 거 아니오. 연구 좀 해 봐요."

"맞아요, 맞아. 거 참 희한하게 생겼네. 동물 박사님도 모르는 동물이라……."

"그런데 엄마가 좀 다쳤나 봐요. 다리에서 피가 나는걸."

마을 사람들이 저마다 한마디씩 하며 고개를 갸웃거렸다. 팽 박사는 참으로 오랜만에 호기심에 불타올랐다.

"걱정하지 마세요. 내가 이 녀석을 좀 연구하여 세계에 발표하겠습니다. 그런데 이 녀석을 어디서 발견했나요?"

마을 사람은 희한한 동물을 발견한 강가로 팽 박사를 안내했다. 팽 박사가 가만히 살펴보니 강가 어딘가에 희한한 동물의 집이 있을 것 같았다. 팽 박사는 당장 희한한 동물을 마요 카메라로 찍어 생태를 알아낼까 하다가 그만두었다. 이번만은 쉬운 길을 택하고 싶지 않았다. 나중에 노벨상을 탔을 때 인터뷰할 말이 없을 것 같아서였다.

"연구 중에 뭐가 가장 힘들었습니까?"

"힘들어요? 마요 카메라로 사진 한 방만 찍으면 모든 것을 알게 되는데 뭐가 힘듭니까?"

이렇게 말한다면 과학자를 꿈꾸는 전 세계의 어린이들을 실망시킬 것이다.

팽 박사는 희한한 동물에게 '오리주둥이'라는 이름을 붙여 주고 아빠가 자식을 돌보듯 정성껏 돌보며 관찰했다.

사실 '오리주둥이'는 '오리너구리'라는 이름으로 이미 잘 알려진 동물이었다. 물론 마을 사람들도 오리너구리를 전부터 보아 왔다. 다만 오랜만에 눈을 반짝이는 팽 박사를 실망시키고 싶지 않아서 모른 척한 것뿐이었다.

이런 사실을 까맣게 모르는 팽 박사는 노벨상을 타겠다는 꿈에 부풀어 연구를 시작했다.

새끼 오리주둥이는 하루 종일 엄마 가슴에 꼭 매달려 젖을 빨았다. 그 모습이 하도 귀여워서 팽 박사는 하루 종일 오리주둥이만 들여다보며 지냈다. 오리주둥이도 팽 박사가 좋은지 전에 기르던 똥개처럼 졸졸졸 팽 박사만 따라다녔다.

팽 박사는 맨 먼저 오리주둥이가 무엇을 먹는지부터 관찰하기로 했다. 엄마 오리주둥이 앞에 물고기, 조개, 개구리를 놓아두었다. 이빨이 없는 오리주둥이는 순전히 턱 힘으로만 단단한 조개를 깨 맛있게 먹었다.

"주둥이는 오리처럼 생겼는데 새는 아닌 것 같아. 하긴, 새끼가 젖을 먹으니 조류가 아니라 포유류가 분명하지. 어디, 오리주둥이의 젖꼭지가 몇 개나 되나 볼까?"

팽 박사는 오리주둥이를 눕히고 털을 젖혀 가슴을 꼼꼼하게 살펴보았다. 그런데 젖꼭지가 하나도 없었다.

"새끼가 젖을 먹는데 젖꼭지가 없다니! 도대체 젖이 어디서 나오는 거야? 에구, 털 사이에서 그냥 스며 나오네. 거 참 신기하네."

팽 박사는 오리주둥이의 항문 쪽도 뒤집어 보았다. 구멍이 달랑 하나뿐이었다. 포유류는 구멍이 둘 이상이다. 똥이 나오는 구멍과 오줌이 나오는 구멍이 따로 있으니 말이다. 게다가 암컷은 새끼를 낳는 구멍이 하나 더 있어야 하니, 모두 세 개의 구멍이 있어야 한다. 그런데 달랑 하나라고?

"얘, 오리주둥이 엄마야. 넌 도대체 새끼를 어디로 낳았니?"

팽 박사가 엄마 오리주둥이를 요리조리 살펴보며 물었다. 물론 오리주둥이에게 답을 듣지는 못했다. 이 질문의 답이야말로 팽 박사가 반드시 찾아야 할 진짜 연구 과제였다.

오리주둥이의 상처가 좀 아물자 팽 박사는 강으로 데려갔다. 아직 어린 새끼는 팽 박사가 품에 안고 엄마 오리주둥이만 강가에 내려놓았다. 엄마 오리주둥이는 냉큼 강으로 뛰어들더니 커다란 물갈퀴가 달린 앞다리로 물살을 가르고 뒷다리로는 방향을 잡으며 헤엄을 쳤다. 주둥이로 강바닥을 헤치기도 했다. 충분히 헤엄을 치고 나서는 도로 팽 박사를 따라 졸졸졸 집으로 왔다.

팽 박사는 오리주둥이랑 점점 더 친해졌지만 여전히 오리주둥이의 생태를 다 파악할 수는 없었다. 팽 박사는 조바심이 났다. 어서 오리주둥이 연구를 끝내야 올해 노벨상을 탈 수 있을 텐데. 더는 기다릴 수 없던 팽 박사는 마요 카메라를 들고 강가로 나갔다. 오리주둥이의 집을 찾기 위해서였다. 집만 찾으면 오리주둥이가 어떻게 짝짓기를 하는지 볼 수도 있을 것이다. 그럼 오리주둥이의 엉덩이에 구멍이 왜 하나뿐인지도 알 수 있을 것이다. 팽 박사는 오리주둥이의 집이 있을 만한 강둑을 마요 카메라로 마구 찍었다.

드디어 강과 이어진 오리주둥이의 굴을 찾을 수 있었다. 마요 카메라에 찍힌 굴은 몇 개의 방으로 이루어져 있었고, 맨 안쪽 방에 마른 풀을 깐 둥지가 보였다. 둥지 안에는 포도알만 한 작은 알 두 개가 살포시 놓여 있었다.

"세상에! 오리주둥이가 알을 낳는단 말이야? 말도 안 돼. 젖을 먹는 동물은 새끼를 낳아야 한다고."

뜻밖의 사실에 흥분한 팽 박사는 날마다 오리주둥이의 집을 마요 카메라로 찍었다. 얼마쯤 시간이 지나자 오리주둥이의 알에서 애벌레만 한 새끼가 나왔다.

"오리주둥이는 알에서 태어나는 포유류다. 난 대단한 발견을 했어. 이제 노벨상은 내 거야. 핫핫핫핫!"

오리너구리의 새끼 키우기

오리너구리는 하천이나 강 근처에 기다란 땅굴을 파서 집을 지어. 맨 안쪽에 마른 풀잎을 깐 안방을 만들고, 새끼를 키울 때는 방을 몇 개 더 만들지. 봄에 2센티미터 정도 되는 알을 두 개 낳아. 말랑말랑한 알에서 태어난 새끼는 1센티미터 정도로 아주 작아. 엄마 오리너구리는 배에서 흘러나오는 젖을 먹여 약 네 달 동안 새끼를 키워.

오~ 지, 잘 먹는다!

오리너구리의 정체는 무엇?

오리너구리를 처음 본 학자들은 큰 고민에 빠졌다고 해. 알을 낳는 걸 보면 포유류가 아닌 조류인데, 새끼에게 젖을 먹이는 걸 보니 포유류였거든. 게다가 부리와 며느리발톱이 있는 걸 보면 조류인 거야. 결국 오리너구리는 그동안의 분류 기준에 따라 분류할 수 없었지. 그래서 단공류라는 새로운 분류 기준을 만들었어. 단공류는 구멍이 하나라는 뜻이야. 포유류는 항문과 요도, 새끼를 낳는 구멍이 따로따로 있는데, 오리너구리는 구멍이 하나뿐이라 단공류라고 분류를 한 거야.

오리너구리의 사촌이 바늘두더지라고?

바늘두더지는 입이 대롱처럼 생겼고, 털은 뾰족한 가시 같아. 하지만 오리너구리처럼 며느리발톱이 있고, 알을 낳고, 새끼를 젖으로 키운다는 점이 닮았지. 또 오리너구리처럼 구멍도 하나뿐이야. 그래서 바늘두더지도 단공류야.

단공류는 쟤랑 나뿐이니 닮을 수밖에!

킁!

마요 카메라로 찍은
오리너구리 생태

팽 박사는 미친 듯이 강가를 뛰어다녔다. 그러다 또 한 마리의 오리주둥이를 만났다. 암컷보다 덩치가 좀 더 큰 수컷 오리주둥이였다. 팽 박사는 놀라서 도망가려는 오리주둥이에게 덥석 손을 내밀었다.

"오! 반갑구나, 반가워. 너를 세상에 소개할 위대한 팽 박사님이다. 우리 악수나 한번 할까?"

그러나 수컷 오리주둥이는 악수 대신 통통한 팽 박사의 손가락을 뒷발톱으로 쓱 긁고 달아났다.

"아야!"

팽 박사는 참을 수 없는 아픔을 느꼈다. 손을 뚝 떼어 버리고 싶을 만큼 심한 고통으로 땀이 뻘뻘 났다. 겨우 집에 돌아온 팽 박사는 지나에게 통통 부은 손가락을 보여 주며 하소연을 했다.

"오리주둥이한테 찔렸다고요? 아이고! 수컷을 만났나 보네. 좀 아프기는 해도 죽지는 않을 거예요. 사람들이 그러는데 독이 그렇게 독하지는 않대……."

"뭐? 수컷? 독? 그걸 지나 양이 어떻게 알아? 오리주둥이 연구는 내가 막 시작했는데."

팽 박사가 따져 묻자 지나는 서둘러 팽 박사를 침대에 눕히고 이불을 머리 위까지 뒤집어씌웠다.

"아유, 연구 생각은 그만하고 얼른 자요. 아프다면서. 아이고! 땀

흘리는 것 좀 봐."

팽 박사는 재빨리 말을 돌리는 지나가 수상했지만 손이 아파서 더 생각할 수도 없었다. 일단 오늘은 자고 내일 자세히 물어보기로 했다. 내일은 내일의 해가 뜨는 법이니까. 팽 박사는 밴디가 틀어 놓은 동물 다큐멘터리에서 나오는 해설가 아저씨의 목소리를 들으며 설핏 잠이 들었다.

"오스트레일리아의 오리너구리는……."

순간 팽 박사는 화들짝 놀라 잠에서 깨어났다. 팽 박사가 연구하고 있는 오리주둥이에 관한 다큐멘터리가 방송되고 있는 게 아닌가!

"저게 뭐야? 지나 양, 오리주둥이는 내가 처음 발견한 거라고 하지 않았어? 그런데 왜 오리너구리라는 이름으로 텔레비전에 나오는 거야?"

"그게……, 저기…… 아이참, 우리 내일 떠나요. 이제 떠날 때가 된 것 같아요. 너무 오래 있었어. 그렇지? 밴디도 집에 가고 싶지?"

지나는 횡설수설하다가 방에서 휙 나가 버렸다. 충격으로 쓰러진 팽 박사는 침대 모서리를 부여잡고 울부짖었다.

"내 연구, 돌려줘!"

8. 무덤새의 아빠가 되다

그날 밤 팽 박사는 오리주둥이의 독 기운으로 얼얼한 손을 붙들고 스스로 운전을 해서 길을 떠났다. 팽 박사는 운전 면허증이 있었지만 한 번도 도로에서 운전을 해 보지 않았다. 그러나 이 마을을 빨리 떠나려면 직접 운전을 해서 공항으로 가는 수밖에 없었다.

팽 박사는 한통속이 되어 자신을 놀린 마을 사람들과 오리주둥이에게서 어서 빨리 달아나고 싶었다. 사실 지나도 버리고 가고 싶었지만 밴디를 아마존에 보내고, 영어로 비행기 표를 사려면 지나의 도움이 필요했기 때문에 어쩔 수 없이 데리고 떠났다.

"길은 알고 가는 거예요? 좀 천천히 가요. 지도 좀 줘 봐요. 어디로 가는지 확인해야겠어요."

지나가 여전히 잔소리를 하며 지도를 뺏으려 했다. 팽 박사는 빼앗기지 않으려고 지도를 쥔 손을 창밖으로 내밀었다. 그러다 그만 지도를 창밖으로 날리고 말았다. 지나는 짙은 어둠 속으로 사라지는 지도를 하염없이 바라보았다. 어디선가 딩고가 우우우 늑대처럼 울었다. 느낌이 좋지 않았다.

역시나 지나는 곧 앞 유리에 머리를 세게 찧고 말았다. 팽 박사가 기어이 교통사고를 낸 것이다.

"여기가 어디야?"

지나와 밴디는 밖으로 나와 주위를 살폈다. 차가 길을 잘못 들어 구덩이에 빠진 모양이었다. 팽 박사는 겁에 질려 차 밖으로 나오지도 못 하고 덜덜 떨며 물었다.

"지나 양, 여기가 어디야? 우리가 무슨 구덩이에 빠진 거야?"

"차를 몰고 온 박사님도 모르는데 제가 어떻게 알아요? 이 구덩이는 누가 일부러 파 놓은 것 같은데. 무덤을 만드는 중이었나?"

 오스트레일리아의 들개, 딩고

원래 오스트레일리아에는 개가 없었다. 몇 천 년 전에 인도와 동남아시아에서 온 사람들이 들여온 개가 야생 들개가 되었는데 그것이 딩고다. 딩고는 야생에 적응하느라 거칠어져서 캥거루도 사냥할 정도로 용맹하지만 지금은 주로 토끼나 양 등의 가축을 잡아먹는다.

"꺅! 무덤? 무덤이라고? 불길해, 불길하다고. 저기 히끄무레한 거 보여? 한 맺힌 귀신이지? 아악! 저 울음소리는…….”

"새소리다.”

"새? 무슨 새? 독수리? 시체 청소하러 온 거야? 아님, 까마귀? 까마귀도 시체 있는 데를 귀신같이 알잖아.”

팽 박사는 무서운 상상을 하며 끊임없이 쫑알거렸다. 지나와 밴디는 그 소리를 자장가 삼아 차 안에서 잠이 들었다. 날이 밝으면 알겠지. 여기가 어디인지.

누군가 자동차를 요란스럽게 두드리는 바람에 잠이 깼다. 닭과 비슷한 크기의 새가 몹시 화난 듯 자동차 앞 유리를 쪼아 대고 있었다.

"뭐야? 키위새인가?”

팽 박사가 오스트레일리아에 사는 새 이름을 아는 대로 댔다. 물론 틀렸다.

"키위새는 뉴질랜드에만 살아요. 이 새는…… 아! 이 무덤이 둥지인가 봐요. 그럼 무덤새네.”

"둥지? 여기가? 취향 한번 독특하군.”

시체가 없다는 사실에 안심한 팽 박사가 꿩과 닮은 아빠 무덤새에게 손을 흔들었다. 하지만 아빠 무덤새는 엄청 화가 나서 팽 박사를 쫓아가며 엉덩이를 쪼아 댔다. 몇 달간 공들여 판 구덩이를 망쳐 버렸으니 그럴 만도 했다.

"우리가 무덤새 방해했다. 도와주자."

밴디는 맨손으로 구덩이를 파기 시작했다. 아빠 무덤새의 일을 덜어 주고 싶었다. 그래야 엄마 무덤새가 시간에 맞춰 알을 낳을 수 있을 것이다. 엄마 무덤새는 밴디 옆에서 종종종 걸어 다녔다. 밴디가 세수를 하러 가면 개울로 따라갔고, 밥을 먹는 동안에도 밴디 옆에서

 날지 못하는 키위새

'키~위 키~위' 하고 우는 키위새는 뉴질랜드에 사는 날지 못하는 새이다. 뉴질랜드에는 천적이 없고, 먹이도 많아서 날 필요가 없었기 때문에 점점 퇴화되어 날 수 없는 새가 되었다. 뿐만 아니라 꽁지도 없어지고 깃털 모양도 일반 동물의 털처럼 변해 버렸다.

키위새는 제 몸집의 3분의 1이나 되는 아주 큰 알을 낳는다. 알이 너무 커서 낳다가 죽는 경우도 있다고 한다. 키위새는 주로 밤에 활동하며 벌레들을 잡아먹는다.

부스러기를 주워 먹었다.

엄마 무덤새가 밴디만 쫓아다니자 아빠 무덤새는 관심을 끌기 위해 무척 노력했다. 열심히 구덩이를 팠고, 엄마 무덤새에게 지렁이를 던져 주기도 했다. 그러나 엄마 무덤새는 통 관심을 보이지 않았다.

다음 날 아침, 실망한 아빠 무덤새는 어디론가 사라지고 말았다.

"이게 다 밴디 군 때문이야. 괜한 짓을 해서 아빠 무덤새가 가출을 했잖아."

팽 박사는 밴디를 나무랐다.

"나는 그냥 무덤새 돕고 싶었다."

"몰라, 네가 책임져."

"어떻게?"

팽 박사는 잠시 고민을 하더니 마요 카메라로 무덤과 무덤새를 찍었다. 그러고는 마요 카메라에 찍힌 사진을 들여다보며 무덤새를 어떻게 도울지 모두 모여 의논했다.

"음, 그러니까 밴디 군이 아빠 무덤새의 역할을 해야겠어. 어서 땅을 파."

"말도 안 돼요. 사람이 어떻게 무덤새의 아빠가 돼요? 안됐지만 이 어미 새는 올해 알을 못 낳을 거예요. 수컷을 배신하고 밴디를 쫓아다닌 탓이죠. 어쩔 수 없어요. 그게 자연의 법칙이라고요."

평생 동안 알을 낳고 기르는 무덤새 부부

오스트레일리아에 사는 무덤새는 6일에 하나씩, 25개의 알을 낳아. 알을 낳는 데만 5개월이 걸려. 알은 1~2개월이 지나야 깨어나기 때문에 마지막에 낳은 알까지 다 깨어나려면, 첫 번째 알을 낳고부터 7개월이나 걸리지. 알을 낳기 전에는 몇 달 동안 둥지를 짓느라 시간을 보내고, 알을 낳고는 부화를 시키느라 또 시간을 보내서 무덤새 부부는 평생을 새끼 기르는 데 다 보내.

알을 부화시키는 방법

보통 새들은 어미의 체온으로 알을 따뜻하게 품어 부화시켜. 하지만 무덤새는 알을 품지 않아. 햇볕이 잘 드는 바닷가 모래 속이나 뜨거운 화산 근처에 알을 낳기도 하고, 식물이 썩는 열을 이용해 알을 부화시키기도 해. 그런데 나뭇잎이 썩으면서 내는 열은 지나치게 높거나 낮을 수 있어서 아빠 무덤새는 부리를 둥지 밑에 집어넣어 늘 둥지의 온도를 재야 해. 둥지의 온도가 너무 높으면 알을 덮은 흙을 파헤쳐 식혀 주고, 너무 낮으면 흙을 두껍게 덮어 따뜻하게 해 줘야 하거든.

무덤새의 둥지 만들기

수컷 무덤새는 가을이 되면 지름 3미터, 깊이 1미터의 엄청난 구덩이를 판 다음 안을 나뭇잎으로 메우지. 겨울비가 내려 나뭇잎을 적셔 주면 다시 모래로 구덩이를 덮어. 지름 5미터, 높이 1미터에 이르는 거대한 무덤 모양이 완성되면 꼭대기에 구덩이를 파고 모래를 깔아. 그럼 알을 낳을 둥지가 완성된 거야. 구덩이 안의 온도가 30도 정도 되면 암컷 무덤새가 알을 낳아. 암컷은 수십 일에 걸쳐 알을 낳는데, 그때마다 수컷 무덤새가 알을 흙으로 덮어 줘. 암컷은 알을 낳기만 하면 그만이고 알이 깨어날 때까지 지키는 것은 수컷의 몫이라고.

여보~, 내가 만든 둥지에서 출산 해야 돼!

꽥~, 힘 쓸 거라니까 말시키지마!

마요 카메라로 찍은

무덤새

생태

"무덤새를 돕기 싫은 쌀쌀맞은 지나 양은 온도계나 찾아 봐요. 온도가 잘 맞아야 알이 깨어날 수 있대요."

하는 수 없이 지나는 팽 박사와 밴디가 아빠 무덤새 역할을 하는 모습을 지켜보았다.

솜씨 좋은 밴디는 수컷 무덤새가 몇 개월에 걸쳐 파야 하는 구덩이를 이틀 만에 팠다. 지름 5미터에 높이 1미터짜리 무덤을 이틀 만에 쌓은 것이다. 다음 날은 특별히 아침 일찍 일어나 무덤 꼭대기에 다시 구덩이를 파고 모래를 깔았다. 이제 둥지가 거의 완성될 단계였다.

엄마 무덤새는 땀을 뻘뻘 흘리며 일하는 밴디를 흐뭇하게 바라보았다.

한낮이 되자 날씨가 무척 더워졌다. 지난밤에 서늘하다 못해 조금 춥기까지 했던 것이 사실이었나 싶을 정도였다. 햇볕이 쨍쨍하게 내리쬐어 무덤에 깐 모래가 데워질 무렵, 엄마 무덤새는 무덤 꼭대기에 만든 둥지에 올라가 부리를 댔다.

"알을 낳으려나 봐."

팽 박사와 밴디, 지나까지도 기대에 가득 찬 눈으로 무덤새를 바라보았다. 그러나 엄마 무덤새는 도로 내려와 버렸다. 둥지가 아직 원하는 만큼 따뜻하지 않은 모양이었다. 조금 뒤 다시 올라간 엄마 무덤새는 부리로 온도를 재고 모래를 파헤쳐 알을 낳았다.

알이 태어난 다음부터 부화할 때까지 알은 아빠 무덤새들이 하듯 오로지 밴디 혼자 관리해야 했다. 온도가 너무 낮으면 흙과 낙엽을 덮어 온도를 올려 주고, 너무 높으면 파헤쳐 알을 꺼내고, 또다시 흙을 덮고, 다시 걷고⋯⋯. 밴디는 온도계를 둥지에 찔렀다 뺐다, 흙을 덮었다 헤쳤다 바쁘게 움직였다.

이미 태어난 알을 돌보는 것만으로도 충분히 바빴지만 밴디는 또 다른 구덩이를 파고 모래를 깔고, 또 새로운 구덩이를 파야 했다. 엄마 무덤새가 아직 서른 개도 넘는 알을 더 낳아야 했기 때문이다. 엄마 무덤새는 알을 낳고, 또 알을 낳고⋯⋯. 밴디는 온도를 재고, 알을 덮고, 모래를 깔고, 흙을 덮고, 낙엽을 덮고⋯⋯. 알의 수가 많아질수록 밴디가 할 일도 많아졌다.

"더는 못 하겠다."

아빠 무덤새 대신 한낮의 더위와 싸우며 열흘이나 일한 밴디는 마침내 땀을 뻘뻘 흘리며 쓰러지고 말았다.

"안 돼. 저쪽 둥지의 낙엽을 어서 걷어. 온도가 너무 높으면 알이 익어 버린다고."

"팽 박사야, 대신 좀 해 줘."

"싫어, 네가 아빠잖아."

"다리에 힘 없어서 못 올라간다."

밴디는 아예 벌렁 드러누웠다. 하는 수 없이 지나가 둥지의 온도를 쟀다.

"어? 40도?"

지나는 온도계를 던져 놓고 서둘러 흙을 파헤친 뒤 알을 햇빛에 비추어 보았다. 어미새가 득달같이 달려왔다.

"어머, 어떡해. 알이 익어 버렸나 봐."

밴디와 팽 박사가 실랑이를 하는 동안 둥지의 온도가 너무 올라가 알이 익은 것이다. 지나는 엄마 무덤새 앞에 알을 내려놓았다. 엄마 무덤새가 구슬픈 목소리로 길게 울었다.

그런데 엄마 무덤새의 슬픈 울음소리를 듣고 사라진 아빠 무덤새가 나타났다. 돌아온 아빠 무덤새는 알이 있는 둥지를 돌아다니며 주둥이를 찔러 온도를 재고, 발로 흙을 덮고 헤쳤다. 밴디보다 훨씬 재빠르고 정확했다.

"최고로 성능 좋은 디지털 온도계보다 아빠 무덤새 부리가 더 정확하구나."

"아마존 최고 체력인 나보다 아빠 무덤새 더 훌륭하다."

"자연을 이길 수는 없어."

지나와 밴디, 팽 박사는 무덤새 부부를 멍하니 바라보았다.

"이제 무덤새 위해 우리가 할 일 없다."

밴디가 섭섭한 듯 고개를 떨구었다. 지나는 차라리 후련했다. 사람이 자연의 일을 대신 할 수 없다는 것을 깨달았으니 물러나는 것이 도리였다.

"무덤새 가출 사건도 해결했으니 우린 공항으로 가요. 밴디는 아마존으로, 박사님과 저는 한국으로 돌아가야죠."

팽 박사도 아쉬움이 남는 눈치였지만 무덤새를 위해 할 일이 없으니 돌아갈 수밖에 없었다.

이번에는 지나가 운전을 해서 무사히 공항에 도착했다. 지나가 비행기 표를 사러 간 사이 팽 박사와 밴디는 텔레비전을 보았다. 아프리카 초원에 있는 한 마을의 이야기가 나오고 있었다.

아프리카의 평온한 작은 마을에 한 달 전쯤부터 코끼리 떼가 출몰한다는 이야기였다. 600킬로그램이나 되는 수십 마리의 코끼리들이 마을을 짓밟는 통에 집이 무너지고 사람들이 다쳤다는 것이다. 사람들은 코끼리를 막으려고 갖은 방법을 다 써 보았지만 효과가 없었고, 결국 마을 사람들은 사람을 살리기 위해 코끼리들을 없애기로 했다고 전했다. 코끼리를 사랑하는 소녀 플라이는 코끼리가 다치지 않고, 마을도 피해를 입지 않는 방법을 찾고 싶다며 인터뷰를 하고 있었다.

"동물과 말이 잘 통하는 사람 있나요? 그럼 우리 마을로 와서 코끼리들에게 말해 주세요. 마을로 오지 말고 먹이가 많은 초원에서 행복하게 지내라고요. 네?"

카메라를 쳐다보는 플라이의 간절한 눈빛에 팽 박사와 밴디의 마음이 뭉클해졌다.

"한 시간 후에 출발이에요. 아마존에서 밴디를 내려 주고 우린 한국으로 가요."

지나가 비행기 표 세 장을 팔랑팔랑 흔들며 다가왔다. 집에 갈 생각에 지나의 얼굴이 아주 환해졌다. 하지만 팽 박사는 마음을 바꿨다.

"어서 비행기 표를 바꿔. 우린 아프리카로 갈 거야."

"아프리카요? 느닷없이 무슨 소리예요?"

지나는 얼굴을 찌푸렸다. 지나가 가장 싫어하는 더위와 벌레는 아마존보다 아프리카가 더하면 더했지 덜할 것 같진 않았다.

"우린 플라이에게 갈 거야. 코끼리를 사랑하는 소녀를 도우러 가는 것이지. 나만큼 동물과 말이 잘 통하는 사람도 없으니까. 기다려라, 코끼리야. 기다리렴, 플라이 양."

"역시 팽 박사는 착하다. 코끼리 구하러 아프리카 간다!"

밴디까지 팽 박사 편을 드는 바람에 지나는 비행기 표를 아프리카행으로 바꿀 수밖에 없었다. 하긴 밴디가 반대를 해도 아프리카에 갈 수밖에 없었을 것이다. 팽 박사의 막무가내 우기기를 누가 막을 수 있겠는가.

9. 코브라와 몽구스의 싸움을 생중계하다

"여기 맞아요?"

"맞다니까. 분명히 사하라 사막 남쪽 열대초원이라고 했다고. 사바나!"

팽 박사와 지나는 지도를 보며 끊임없이 다퉜다. 나침반도 없고, 지피에스(GPS)도 잃어 버려 지도만 보고 길을 찾아야 했는데, 지도가 너무 정확하지 않았다. 게다가 태양은 어찌나 뜨거운지 머리 꼭대기에 불이 붙을 것 같았다.

"이러다 산 채로 익고 말 거야."

"콧속 버석거린다. 숨 못 쉬겠다. 아마존에 있을 수 없는 일이다."

지나와 밴디가 날씨를 탓하며 구시렁구시렁 투덜거렸다. 팽 박사는 버럭 화를 냈다.

"다들 뭐가 그리 불만이야? 우린 착한 일을 하러 온 거잖아. 귀여운 아프리카 소녀의 소원을 들어주는 것만큼 착한 일이 또 어딨어? 어딨냐고?"

덥지도 않은지 방방 뛰는 팽 박사를 보며 밴디는 불길한 예감이 들었다. 팽 박사가 방방 뛸 때마다 좋지 않은 일이 일어났기 때문이다. 이번에는 제발 불운이 비켜 가기를 밴디는 속으로 빌고 또 빌었다.

아프리카 열대초원에 사는 동물들

'아프리카' 하면 생각나는 사자, 하이에나, 기린, 얼룩말, 코끼리 등의 동물은 초원에서 산다. 초원은 건기에는 먼지가 풀풀 나는 갈색 땅이지만 비가 오는 우기에는 풀이 무성하게 자란다. 얼룩말, 누, 영양, 코끼리, 기린 등 초식동물들은 풀이 많은 곳을 찾아 이동을 하며 산다. 초식동물들은 여러 종류가 모여 있어도 먹이를 두고 다투지 않는다. 각각 먹는 풀이 다르기 때문이다. 하지만 사자, 표범, 하이에나 등 육식동물들은 사냥한 먹이를 서로 빼앗기도 하고 영역 다툼을 벌이기도 한다.

쉭쉭! 쉭쉭! 그 순간 익숙한 소리가 들렸다. 뱀이 혀를 날름거리는 소리였다. 그것도 그냥 뱀이 아니라…….

밴디가 팽 박사에게 손가락질을 했다. 팽 박사는 허공에 주먹을 휘두르며 계속 소리를 질러 댔다. 목도 안 아픈 모양이었다.

"콩알만 한 녀석이 어디 어른한테 손가락질이야? 가만 두지 않을 테다! 너 이놈, 잡히기만 해 봐라, 군밤을 백만 대 먹여 줄 테니."

팽 박사가 주먹을 불끈 쥐고 밴디를 쫓아왔다. 짧은 다리로 촐랑촐랑, 놀라울 정도로 빨리 뛰었다.

"다행이다. 이번엔 뱀보다 빨랐다."

팽 박사가 눈이 휘둥그레져서 뒤를 돌아보았다. 방금 전 팽 박사가 서 있던 곳에 코브라 한 마리가 고개를 빳빳이 들고 있었다. 목주름을 넓게 펴고 혀를 날름거리는 것을 보니 엄청 화가 나 보였다.

"또…… 나야? 내가 또 뱀을 화나게 한 거야? 으엉! 난 전생에 뱀하고 무슨 원수를 진 게야! 세상에서 제일 큰 뱀하고 얽히더니 이제는 독사까지 나타나 위협하다니."

팽 박사는 머리를 모래에 쿵쿵 찧으며 눈물을 흘렸다. 그 모습이 하도 우스워서 지나는 땅바닥을 치며 낄낄댔다.

그런데 코브라는 우는 사람이 정말 싫은 모양이었다. 아니면 웃는 사람이 싫은지도 몰랐다. 또다시 쉭쉭거리며 징징대는 팽 박사와 낄

끨대는 지나에게 돌진했다. 징징거리면서도 마요 카메라로 코브라를 찍던 팽 박사는 얼어붙은 조각상이 되었다.

"지그재그로 달아나야 해?"

"가만히 있어야 하는 거 아니에요?"

"근데 코브라한테 물리면 해독제는 있는 거야?"

팽 박사와 지나가 동시에 밴디를 쳐다보았다. 아마존 원주민 밴디라면 해독제에 대해 잘 알고 있을 것 같아서였다. 아직 코브라에게 물리지는 않았지만 물려도 살 수 있는 방법을 안다면 조금 안심이 될 것 같았다.

"코브라 모른다. 브라질산호뱀 해독제는 안다. 빨강독개구리 해독제도 안다. 타란툴라에 물렸을 때도, 지네한테 물렸을 때도 어떻게 하면 되는지 안다. 하지만 코브라는 모른다."

밴디의 말이 계속될수록 지나와 팽 박사의 두려움은 점점 커졌다.

그 때 족제비처럼 생긴 조그만 동물이 쪼르르 달려와 밴디와 팽 박사와 지나 옆을 지나갔다. 귀여운 동물은 곧장 무시무시한 코브라 앞에 가서 섰다. 코브라는 목을 더욱 빳빳이 세웠다. 둘은 링 위에 선 권투 선수들처럼 빈틈을 노리며 서 있었다. 밴디는 귀여운 동물이 다칠까 봐 코브라에게 모래를 던졌다.

"괜찮아요. 쟤는 코브라 좋아해요."

언제 왔는지 까만 피부가 반들반들하게 빛나는 귀여운 여자아이가 밴디 옆에 서 있었다. 밴디는 깜짝 놀랐다. 다가오는 발소리를 듣지 못하다니, 귀가 엄청 밝은 밴디가 아닌가!

"너는 소리도 없이 왔다."

"사냥을 하려면 발소리 죽이는 법을 알아야죠."

밴디가 오랜만에 활짝 웃었다. 꼬마 숙녀는 밴디처럼 자연에 가까운 사람인 것 같았다.

"저 녀석은 몽구스예요. 몽구스는 코브라도 잡아먹어요. 원래 남쪽 초원에 사는데, 어미 잃은 녀석을 삼촌이 구해 줘서 우리가 키우고 있거든요."

몽구스는 겁도 없이 코브라에게 달려들었다. 앞발을 쭉쭉 뻗으며 주먹을 날려 코브라를 공격했다. 코브라는 재빨리 머리를 움직여 몽구스의 앞발을 피했다.

"아악! 못 보겠어. 저렇게 귀여운 몽구스가 코브라에게 물리면 어떡해! 너무 끔찍해."

지나는 두 손으로 눈을 가린 채 주저앉아 버렸다. 팽 박사는 눈을 감고 마요 카메라 단추를 눌렀다. 직접 보기에는 너무 잔인한 장면이라 대신 사진을 통해 볼 생각이었다.

"몽구스는 살짝 물려도 괜찮아요. 저것 봐요. 몽구스가 재빨리 코브라의 머리를 잡았어요. 코브라가 마지막 반항을 할 거예요. 독 이빨로 몽구스를 무는 거 보이죠? 그렇지만 몽구스의 털가죽이 두터워서 세게 물지는 못해요. 걱정 마세요. 자, 이제 마지막이에요. 몽구스가 코브라를 뜯어 먹기 시작하네요. 쩝쩝 소리 들리죠? 그럼, 우리는 코브라를 위해 묵념이라도 할까요?"

여자아이는 천연덕스럽게 코브라와 몽구스의 전투를 생중계했다. 귀를 막아도 들릴 정도로 맑고 카랑카랑한 목소리였다. 저렇게 귀여운 아이가 눈도 깜짝하지 않고 잔인한 장면을 생중계하다니, 지나는 고개를 절레절레 흔들었다.

"어쩌면 너는 무섭지도 않니?"

소녀는 입가에 코브라의 피가 묻은 몽구스를 쓰다듬으며 말했다.

"몽구스가 먹이를 먹는 건 자연스러운 일이에요. 먹이가 코브라인 것뿐인걸요. 사자가 영양을 잡아먹는 것도, 코끼리가 열매를 따 먹는 것도, 독수리가 죽은 동물을 찾아 먹는 것도 모두 자연의 일이에요. 자연에서 일어나는 자연스러운 먹이사슬을 사람의 가치로 판단할 순 없는 거예요."

"나도 그렇게 생각한다."

밴디는 여자아이가 발소리 나지 않게 걷는 것도, 자연에 대해 생각하는 것도 다 마음에 들었다.

끔찍한 코브라의 독!

코브라의 위 턱뼈 앞부분에는 주사 바늘 같은 독니가 두 개 붙어 있어. 독니는 평소에는 접혀져 있다가 무는 순간 튀어나와 양쪽 볼의 독주머니에서 만든 독을 상대에게 흘려 넣지. 어떤 코브라는 독니로 무는 대신 독침을 뱉어 공격하기도 해. 주로 적의 눈에 독이 든 침을 물총처럼 찍 쏘는데 시력을 잃을 정도로 강한 독이야. 하지만 성격이 온순해서 상대방이 먼저 공격하지 않는 한 침을 뱉지는 않아. 그런데 보는 순간 위험에 빠지게 되는 코브라도 있어. 바로 블랙맘바야. 길이가 3~4미터에 이르는 큰 뱀인 블랙맘바는 독이 강할 뿐 아니라 성격이 난폭해서 움직이는 것은 일단 공격하고 보거든. 몸을 반 쯤 세워 움직이는데 뱀 중에서 가장 빨라 사람 걸음으로는 도망가기 힘들어.

내 독도 만만치 않다 이거야!

"꼬마야, 네 이름이 뭐냐?"

"플라이."

"플라이? 텔레비전에 나온 애가 바로 너구나!"

"네, 그러는 아저씨는 누구세요?"

생태계의 먹이사슬

자연에서 생물들은 서로 먹고 먹히며 살아간다. 들쥐는 씨앗을 먹고, 뱀은 들쥐를 먹고, 매는 뱀을 잡아먹고……. 서로 먹고 먹히는 관계가 사슬처럼 이어져 있다. 먹이사슬은 복잡하게 얽혀 있다. 실제 자연에서는 뱀이 들쥐만 먹는 게 아니라 개구리, 토끼 등 다른 동물을 잡아먹고, 매도 뱀, 쥐, 토끼 등 여러 동물을 잡아먹는다. 생물들끼리 먹고 먹히는 관계가 그물처럼 복잡하게 얽혀 있어야 한 가지 먹이가 부족할 때 다른 먹이를 먹을 수 있어서 생물이 쉽게 멸종하지 않는다.

먹이 피라미드   먹이사슬

"나는 네가 애타게 찾던 동물과 말이 통하는 사람이란다. 코끼리는 내가 구해 주마. 핫핫핫핫."

팽 박사가 방금까지 겁먹은 모습과 정반대로 호기롭게 외쳤다. 하지만 플라이는 영 못 미더운 눈치였다.

"정말 동물과 말이 통하는 거 맞아요? 근데 코브라랑은 왜 안 통했어요?"

"그건 말이야, 에헴! 내가 아프리카에 온 지 얼마 안 돼서 아프리카 동물들과 말이 잘 안 통하는구나. 우리나라 대한민국 동물들하고는 다 통하는데 말이야. 혹시 이 녀석들이 아프리카 사투리를 쓰나? 내가 사투리에는 좀 약한데……."

플라이의 마을은 아담하고 평화로웠다. 적어도 겉보기에는 그랬다. 하지만 코끼리의 이상행동 때문인지 마을 사람들의 표정은 좀 어두워 보였다.

"여긴 사막과 가까워서 원래 코끼리가 잘 오지 않는 곳이에요. 그런데 초원에서 풀을 뜯던 코끼리들이 지난달부터 갑자기 몰려와 마을을 짓밟으니 불안해서 살 수가 없어요."

"우리 아기가 코끼리에게 밟힐 뻔했지 뭐예요."

"우리 집은 코끼리 떼가 밀고 지나가는 바람에 흔적도 없이 사라졌다오."

 코끼리의 피해를 이야기하는 마을 사람들의 목소리가 점점 높아졌다. 생각만 해도 화가 치미는 모양이었다. 플라이는 슬픈 표정으로 마을 사람들을 바라보았다.

 "족장님이 코끼리 피해를 정부에 알렸어요. 정부에서는 다음 주에 와서 조사를 하고, 코끼리를 다른 지역으로 옮긴대요. 그런데 코끼리의 수가 너무 많아서 생긴 일이라면 몇 마리를 죽여야 할지도 모른대요. 저는 우리 마을이 코끼리 때문에 피해를 보는 것도 싫지만 코끼리가 죽는 것도 싫어요."

 플라이의 두 눈에 눈물이 아른거렸다. 밴디는 플라이를 위해 이 문제를 꼭 해결하겠다고 결심했다.

 그날 저녁, 팽 박사 일행이 모처럼 편히 쉬는데 바깥이 떠들썩했다. 셋은 벌떡 일어나 밖으로 나갔다. 마을 사람들도 걱정스러운 얼굴로 나와 있었다. 무언가 먼지를 잔뜩 일으키며 달려오고 있었다.

 "또 코끼리가 온 거야?"

 마을로 다가온 것은 코끼리가 아니라 커다란 트럭이었다. 트럭의 짐칸에는 험상궂게 생긴 남자들과 함께 낯익은 얼굴이 타고 있었다. 다름 아닌 비비씨였다.

 "어머, 비비씨! 여기서 만나네요. 남극에선 어떻게 된 일이에요? 얼마나 걱정을 했다고요."

지나가 반갑게 맞이하자 비비씨가 놀란 표정으로 지나와 일행들을 둘러보더니 이상할 정도로 크게 웃었다.

"핫핫핫! 핫핫핫! 여기서…… 어떻게…… 만나게 됐네요. 반가워라. 아! 반가워라. 진짜 반갑다. 그런데 여기는 무슨 일로……?"

"흠! 이 마을에 문제가 좀 있다고 해서 방문했지. 코끼리가 자꾸 쳐들어온대. 하지만 뭐, 내가 왔으니까 해결된 셈이지. 내가 워낙 코끼리에 대해 아는 게 많지 않은가. 코끼리 마음을 읽는 것은 식은 죽 먹기지 뭐."

팽 박사는 자신이 특별히 초청을 받고 온 유력 인사라는 점을 한껏 자랑했다. 비비씨의 눈이 커지는 것을 보니 팽 박사의 자랑이 먹힌 모양이었다.

"코, 코끼리요?"

"네에, 코끼리 떼가 몰려와 행패를 부린대요. 정말 큰일이죠? 비비씨도 그걸 찍으러 오셨어요?"

"아, 그, 그럼요. 그 얘길 듣고 당장 아프리카로 달려왔죠. 도대체 언제부터 그런 일이 일어난 겁니까?"

비비씨가 주머니에서 수첩과 연필을 꺼내더니 메모를 하기 시작했다. 진지한 다큐멘터리 작가다운 모습이었다. 하지만 밴디는 카메라 대신 긴 총을 맨 비비씨와 허리에 칼을 여러 개 찬 비비씨의 친구들에게서 눈을 떼지 않았다.

다음 날부터 본격적인 조사가 시작되었다. 코끼리들이 찾아오는 이유가 먹을 것 때문이라고 생각한 팽 박사는 성의 없이 마을 주변을 둘러보았다. 그러나 마을에는 맛있는 과일 나무가 별로 없었다.

"이상하네. 먹을 것도 없는데 왜 자꾸 몰려오는 거야?"

팽 박사가 고개를 갸웃거렸다. 팽 박사에게 바짝 붙어 다니던 비비씨가 카메라를 내렸다.

"별 게 없으면 촬영을 접을까요? 팽 박사님도 그만 돌아가시죠. 아프리카에 볼 게 얼마나 많은데 설마 코끼리 꽁무니만 쫓아다닐 셈은 아니지요?"

"그건 그렇지. 난생 처음 아프리카에 왔는데 다른 동물들도 좀 찾아보고 가야지."

"그럼 내일 당장 세렝게티로 떠나실래요? 이번에는 제가 안내를 해드리지요."

비비씨가 팽 박사를 꼬드기는 것을 보고 플라이는 울상이 되었다.

"그러면 안 된다. 코끼리 문제부터 해결해야 한다!"

밴디의 말에 지나도 동의했다. 지나는 비비씨를 좋아했지만 플라이와의 약속부터 지키는 것이 옳은 일이라고 생각했다.

둘째 날 오후에 뜻밖의 일이 벌어졌다. 마을에서 좀 떨어진 곳에서 죽은 지 며칠 된 코끼리가 발견된 것이다.

"왜 죽었을까?"

지나가 손가락으로 코끼리 입 주위를 가리켰다. 상아가 없었다. 팽 박사는 믿을 수 없었다.

"말도 안 돼. 아직도 상아 때문에 코끼리를 사냥하는 사람이 있다고? 그건 불법이야. 사람들이 그렇게 잔인할 리 없어."

"일주일 전에도 코끼리 시체를 묻어 준 적이 있어요. 한 달 전에도요. 그때도 상아가 없었어요."

플라이가 울면서 말했다. 지나는 손수건을 꺼내 플라이의 눈물을 닦아 주었다. 손수건을 보고 비비씨가 씩 웃었다. 비비씨가 남극에서 지나의 이마에 올려 준 자신의 손수건이었기 때문이다.

"큰일 났다! 마을에 또 코끼리 떼가 나타났다."

성난 코끼리들이 뿔 나팔 같은 소리를 내며 마을을 쑥대밭으로 짓밟고 돌아다녔다. 아이들은 놀라서 울음을 터트렸고, 어른들은 세간을 대충 주워 들고 달아났다. 코끼리는 무엇을 찾는 것처럼 마을을 샅샅이 뒤지고는 긴 울음소리와 함께 사라졌다. 구슬픈 코끼리 울음소리가 밴디의 마음을 찌르르 울렸다.

"죽은 코끼리 때문이다."

밴디가 말했다. 비비씨가 성난 사람처럼 버럭 소리를 질렀다.

"죽은 코끼리가 뭐 어쨌다고?"

"찾으러 온 거다. 죽은 코끼리!"

"맞다! 코끼리는 무리를 소중히 여기지. 아픈 새끼나 다친 동료를 버려두지 않아. 그래! 누군가 코끼리를 죽인 거야. 그 뒤로 코끼리 떼가 마을에 나타나 '내 친구를 돌려줘.' 하며 시위를 벌이는 거라고. 맞다, 바로 그거야."

팽 박사는 밴디의 말에 힌트를 얻어 사건을 반쯤 해결했다. 이제 범인이 누군지만 밝히면 되었다. 단서를 찾기 위해 팽 박사는 마요 카메라에 코끼리 사진을 담았다.

아프리카코끼리와 아시아코끼리

아프리카코끼리와 아시아코끼리는 비슷하면서도 달라. 아프리카코끼리는 땅 위에서 가장 덩치가 큰 동물로, 수컷은 600킬로그램까지 나가기도 해. 하지만 아시아코끼리는 그보다 100~200킬로그램 덜 나가지. 그리고 아프리카코끼리는 아시아코끼리보다 귀가 훨씬 커. 코끼리는 큰 귀를 통해 열을 몸 밖으로 내보낸단다. 또, 아프리카코끼리는 암수 모두 상아가 있지만, 아시아코끼리는 수컷에만 상아가 있어. 코도 서로 다른데, 아프리카코끼리는 코끝에 돌기가 두 개여서 코끝으로 물건을 잡을 수 있지만, 아시아코끼리는 코끝 돌기가 하나뿐이라 코로 휘감아서 물건을 잡아.

코끼리의 끈끈한 무리 생활

몇 년 전 인도의 한 마을에 코끼리 떼가 나타난 사건이 있었어. 강에 빠져 죽은 친구를 찾기 위해서였나 봐. 마을 사람들은 이미 코끼리를 묻었지만, 이 사실을 모르는 코끼리 떼는 친구를 찾느라 무려 3일 동안이나 마을을 샅샅이 뒤지고 다녔다고 해. 무리 생활을 하는 코끼리들은 무리의 한 마리가 다쳤을 때, 다친 친구가 무리에서 처지지 않도록 배려하며 이동하는 경우도 종종 있다는구나.

10. 쟁기발두꺼비 덕분에 희망을 가지다

코끼리의 시체가 발견된 후 팽 박사의 책임이 더욱 무거워졌다. 팽 박사는 사건을 빨리 해결하고 싶었다. 하지만 코끼리와 말이 통하지 않는 팽 박사로서는 코끼리가 왜, 굳이 마을로 들어오는지 알 수 없었다. 그렇다고 아무것도 하지 않을 수도 없어서 팽 박사는 다음 날 하루 종일 요리 뛰고 조리 뛰었다. 그러다 문득 목이 유난히 허전하다는 것을 깨달았다. 팽 박사의 목에 늘 달랑달랑 걸려 있던 마요 카메라가 감쪽같이 사라진 것이다.

"지나 양, 내 카메라! 마요 카메라가 어디 간 거야? 지나 양이 가져갔어? 응?"

팽 박사는 주머니를 뒤지고, 밴디의 화살집을 뒤집어 보고, 지나 양의 신발까지 탈탈 털어 보았다. 하지만 카메라가 그런 데에 있을 턱이 없었다.

"지나 양, 카메라 좀 찾아 줘. 얼른 찾아 줘! 얼른, 얼른, 얼른!"

"플라이 집에 둔 거 아니에요? 목이 무겁다고 징징대더니 가방에 넣은 거 아니냐고요."

"몰라 몰라. 얼른 찾아 줘. 당장! 당장, 당장, 당장!"

지나는 하는 수 없이 지친 발을 질질 끌며 플라이 집으로 갔다.

지나는 나란히 놓인 세 개의 가방 중에서 먼저 팽 박사의 가방을 발딱 뒤집었다. 냄새나는 양말, 구멍 난 팬티, 때가 꼬질꼬질 묻은 수건이 줄줄이 떨어졌다. 이번에는 밴디의 배낭을 뒤졌다. 검은 가죽으로 만든 카메라 가방이 들어 있었다.

"무겁다고 투덜대더니 밴디 가방에 넣어 뒀구나! 얌체."

지나는 카메라에 이상이 없는지 꺼내 보았다. 하늘색 손수건에 얌전히 싸인 카메라에는 별 문제가 없어 보였다.

"됐다! 이제 가야지!"

카메라를 들고 막 일어서려다 말고 지나는 도로 주저앉았다. 무언가 강한 느낌이 자신의 머리를 스치고 갔기 때문이다. 지나는 카메라를 싸고 있는 하늘색 손수건을 홱 펼쳐 보았다. 그러고는 자신의 주머니에 든 손수건도 꺼냈다. 똑같은 하늘색, 구석에 '880'이라고 보라색 자수를 놓은 것까지 아주 똑같았다.

"하나는 비비씨가 남극에서 내 이마에 올려 준 거야. 하나는 분홍돌고래를 찾아갔다가 아마존에서 주운 것인데……, 왜 똑같지? 설마 아마존 총소리가 비비씨의 짓? 아닐 거야. 비비씨가 얼마나 멋진 사람인데……."

지나는 손수건에 쓰인 숫자를 다시 한 번 뚫어지게 보았다. 880, 880, 880……. 아니, BBC? 손수건에 수놓아진 것은 880이 아니라 알

파벳 BBC를 흘려 쓴 것이었다.

"정말 비비씨의 짓이라고?"

지나는 털썩 주저앉았다. 손수건을 들고 있는 손이 달달달 떨렸다. 그 때 등 뒤에서 귀에 익은 목소리가 들렸다.

"당신, 너무 많은 걸 알아 버렸군."

매운 약품 냄새와 함께 지나는 그만 정신을 잃고 말았다.

그 시각 팽 박사는 하염없이 지나를 기다리고 있었다. 플라이네 집까지 두 번은 갔다 오고도 남을 시간이 지났지만 지나는 오지 않았다.

"카메라 가지러 간다더니 자고 있는 거 아냐? 정말 도움이 안 되는 지나 양이야. 에이 참, 부족장님이 저녁 초대를 했으니 오늘은 거기서 쉬고 수사는 내일부터 하자. 지나 양은 맛있는 거 먹는 데 안 데려갈 테야. 조수의 임무를 다 하지 못한 벌이야, 벌."

팽 박사는 밴디와 함께 부족장의 집에서 저녁을 먹고 푹 쉬었다. 지나가 사라진 것은 까맣게 모른 채 아주 편안한 밤을 보냈다.

"박사님! 언니는요?"

다음 날 아침 팽 박사를 보자마자 플라이가 물었다. 그것은 팽 박사가 묻고 싶은 질문이었다.

지나가 감쪽같이 사라졌다. 갈 만한 곳은 다 찾아보았지만 흔적도

없었다. 팽 박사는 머리가 텅 빈 것처럼 멍해졌다.

"지나 씨가 없어졌다고요? 가방은요? 가방은 있어요?"

소식을 들은 비비씨가 맨발로 뛰어나왔다. 밴디가 지나 가방이 있던 곳으로 달려갔다. 지나도 지나 가방도 모두 없었다. 바닥에는 하늘색 손수건 두 장만 달랑 떨어져 있었다. 밴디는 손수건을 주워 들고 팽 박사에게 달려갔다.

"팽 박사야, 지나 가방 없다. 손수건만 떨어져 있다."

손수건을 본 비비씨의 얼굴이 새하얘졌다. 비비씨는 마음을 가라앉히려는 듯이 가슴을 쓸며 말했다.

"아! 그럼 지나 씨 혼자 돌아간 모양이에요."

팽 박사는 손수건을 뚫어지게 쳐다보며 고개를 저었다.

"그럴 리 없어. 지나 양은 나만 두고 가지 않아. 절대로. 지나 양에게 무슨 일이 생긴 게 분명해. 이 손수건이 그 단서일 거야."

"그럴까요? 사실은, 어제 지나 씨가 그러던 걸요. 혼자 한국으로 돌아갈 준비를 하고 있다고요."

비비씨가 이런 말을 전해서 미안하다는 듯 소리를 죽여 말했다. 팽 박사는 그만 참았던 눈물을 터트리고 말았다.

"아냐 아냐. 지나 양이 그럴 리 없어. 아냐, 아냐, 아냐. 이건 음모야, 음모!"

"맞다. 지나는 말 없이 사라지지 않는다."

밴디까지 딱 잘라 말하자 비비씨도 고개를 끄덕였다.

"그럼 우리 함께 지나 씨를 찾으러 가요. 혼자 떠난 게 아니라면 누군가 지나 씨를 데려갔다는 얘기잖아요. 누굴까요?"

비비씨가 고개를 갸웃거리며 팽 박사를 쳐다보았다. 팽 박사는 눈물이 그렁그렁 맺힌 눈으로 밴디를 쳐다보았다.

"도대체 지나 양을 어디로 데려갔을까?"

밴디는 조금 생각하더니 조용히 사막 쪽을 가리켰다.

"사막이요?"

비비씨는 펄쩍 뛰었다.

"사막은…… 아닐 거예요. 사막에 혼자 있으면 살 수 없다고요. 설마 그렇게 끔찍한 일을 누가 했겠어요. 지나 씨처럼 착하고 예쁜 아가씨를. 말도 안 돼요. 사막은 아닐 거예요."

비비씨가 너무나 안타까운 듯이 호들갑을 떠는 동안 팽 박사는 배낭을 둘러멨다.

"어서 가자. 지나 찾으러!"

밴디도 가방을 둘러멨다. 플라이는 낙타에 물을 가득 채운 물통을 매달고, 담요를 얹고, 대추야자를 챙겨 따라나섰다.

"잠깐만요. 나도 같이 가요. 가서 짐 챙겨 올게요. 짐이 많으니까 조금만 기다려 주세요."

 그런데 가방을 가지러 간 비비씨는 해가 질 때까지 돌아오지 않았다. 하는 수 없이 팽 박사는 다음 날 출발해야 했다. 지나가 정말로 사막에 있다면 하루도 버티기 힘들 텐데 비비씨 때문에 아까운 시간을 낭비하고 만 것이다.

 낙타가 물을 아끼는 비결

 낙타는 물을 아끼기 위해 아주 진한 오줌을 누고, 바싹 마른 똥을 눈다. 등에 볼록 솟은 커다란 혹에는 지방이 가득 차 있어 몇 주 동안 아무것도 먹지 않아도 버틸 수 있다. 그러나 몇 주를 굶으면 낙타의 혹은 홀쭉해진다. 낙타는 물을 자주 안 먹어도 되는 대신 한번 물을 먹기 시작하면 100리터를 거뜬히 마신다.

사막에는 어떤 동물이 살까

　물이 부족한 사막에도 많은 동물들이 살고 있다. 도마뱀, 코브라, 방울뱀, 사막거북, 캥거루쥐, 페넥여우, 땅다람쥐, 전갈 등의 동물들이 대표적이다. 사막의 동물들은 뜨거운 날씨를 견디고, 물을 아끼기 위한 저마다의 독특한 방법을 가지고 있다. 사막거북은 몸이 너무 뜨거워지면 뒷다리에 오줌을 싸서 체온을 식힌다. 칼라하리 사막에 사는 땅다람쥐는 풍성한 꼬리를 양산처럼 쓰고 햇빛을 피한다. 어떤 방울뱀은 뜨거운 모래 위를 기는 대신 몸을 옆으로 튕겨서 날듯이 움직이기도 한다. 북아메리카 사막에 사는 캥거루쥐는 몸에 필요한 물을 나무뿌리와 식물 등의 먹이를 통해 얻기 때문에 평생 동안 물을 한 방울도 먹지 않고도 살 수 있다.

다음 날까지 비비씨가 나타나지 않자 팽 박사와 밴디, 플라이만 사막으로 떠났다. 사막의 태양은 모든 것을 태워 버릴 듯 타올랐다. 피부가 쭈글쭈글해지고, 목구멍이 타오르고, 눈이 따갑고, 두 발로 서 있는 것이 고통스러웠다. 한 가지 다행스러운 일은 밤이 일찍 찾아온 것이었다. 이글거리던 태양이 붉어지는가 싶더니 금세 어둠이 찾아왔다. 태양이 사라지자 추위까지 찾아왔다. 세 사람은 담요를 덮고 누워 쏟아질 것 같은 별을 바라보았다.

"내일도 못 찾으면 어쩌지?"

"내일은 꼭 찾는다."

"꼭 그렇겠지?"

그러나 다음 날도 지나를 찾지 못했다. 팽 박사는 점점 희망을 잃었다. 밴디는 자꾸 헛것을 봤다.

"헛것이 아니라 신기루예요."

플라이가 예쁜 말을 가르쳐 줬지만 있지 않은 것이 보이는 게 헛것이 아니고 뭐란 말인가!

겨우 찾은 한 조각 그늘에서 쉬는 중에 밴디는 또 헛것을 봤다. 지글지글 익어가는 머리가 조금 식으면 꼭 헛것이 보였다.

"또 헛것이 보인다. 이상한 토끼다."

"어디요? 사하라멧토끼는 낮에 안 나오고, 밤에만 나오는데."

플라이가 이상한 토끼를 보며 깔깔깔 웃었다.

"저건 토끼가 아니라 여우예요. 페넥여우."

"여우 귀가 왜 저렇게 커?"

"사막은 너무 더우니까 체온을 낮추려고 귀가 커진 거죠."

"그럼 《어린왕자》에 나오는 토끼가 바로 저 토끼란 말이야?"

 토끼만큼 귀가 큰 페넥여우

사하라 사막에 사는 페넥여우는 사막에 산다고 해서 사막여우라고 불리기도 한다. 몸집은 고양이보다 작지만 귀는 토끼만큼 크다. 큰 귀에는 따뜻한 피가 흐르는 혈관이 많이 지나가는데, 공기가 귀를 스치며 피를 식혀 주어 체온을 낮춰 준다. 발바닥의 털이 두꺼워 사막의 뜨거운 모래 위를 걸어도 괜찮지만 더운 낮에는 주로 구덩이를 파고 쉬고 사냥은 밤에 한다. 페넥여우는 물을 거의 먹지 않고 딸기, 버찌, 전갈, 도마뱀, 벌레 등에서 물과 영양분을 얻는다. 사막에 사는 긴귀날쥐도 페넥여우처럼 귀가 큰 동물인데, 귀가 머리의 서너 배나 될 정도로 커서 페넥여우의 귀처럼 체온을 식혀 주는 역할을 한다.

팽 박사가 물었다. 하지만 플라이는 《어린왕자》란 책을 본 적이 없어서 뭐라 대답할 수 없었다. 갑자기 밴디가 코를 킁킁거렸다. 바람에서 비 냄새가 났다. 물기라고는 한 방울도 없는 사막에서 비 냄새를 맡다니 햇볕이 밴디의 감각까지 태워 버려 착각을 한 게 분명했다. 그런데 플라이도 같은 느낌을 받은 게 아닌가!

"곧 비가 올 거예요."

밴디는 자신의 귀를 의심했다. 사막에 비가 온단 말인가?

"우기에는 집중적으로 비가 내려요. 그리 많은 양은 아니지만. 지나 언니가 지금 사막에 있다면 비 덕분에 살 수 있을 거예요. 우리가 찾아낼 때까지 버틸 수 있을 테니 참 다행이에요."

그날 밤 정말로 비가 왔다. 꽤 많은 양의 비가 후두둑후두둑 쏟아졌다.

시간이 흐르자 곧 놀라운 광경이 펼쳐졌다. 사막에 풀이 쑥쑥 자랐고, 곳곳에 웅덩이가 생겼다. 어디선가 곤충들도 날아왔다.

"우아! 정말 멋지다."

"사막이 아닌 것 같아."

밴디와 팽 박사는 잠시 감동 어린 눈길로 사막의 변화를 지켜보았다. 그 때 두꺼비 하나가 폴짝폴짝 뛰어 올라왔다.

"사막에 두꺼비가 살다니!"

"땅속에 살다가 비가 콩콩콩 땅을 두드리면 알을 낳기 위해 밖으로 나오는 거예요"

두꺼비가 폴짝폴짝 웅덩이를 향해 뛰어갔다. 어제까지만 해도 아무도 살 수 없을 것 같은 황량한 사막을 버티고 살아난 두꺼비를 보니 팽 박사와 밴디는 저절로 희망이 샘솟았다.

"지나는 살아 있을 거야, 꼭! 이 비를 마시고, 저 두꺼비를 잡아먹으며 우리를 기다리고 있을 거야!"

팽 박사는 쟁기발두꺼비가 희망의 증거라도 되는 양 마요 카메라로 찰칵찰칵 찍어 댔다.

한편 사막에서 눈을 뜬 지나는 무슨 일이 있었는지 생각해 내려고 애썼다. 목이 너무 말랐다. 지나는 옆에 놓인 가방을 뒤졌다. 다행히 플라이에게 선물 받은 대추야자가 몇 개 들어 있었다.

지나는 대추야자 반 개를 입에 물고 지난밤을 떠올려 보았다. 880…… BBC, 그리고 친절한 목소리가 차례로 떠올랐다.

"정말 비비씨란 말이야? 아마존에서부터 동물들을 괴롭힌 사람도, 날 사막에 버린 사람도 멋진 비비씨라고?"

지나는 정말 믿고 싶지 않았다. 하지만 아무리 생각해도 비비씨 말고는 답이 없었다. 지나는 멍하니 하늘을 바라보았다.

쟁기발두꺼비의 사막 생활

두꺼비는 양서류야. 양서류는 물속에 알을 낳고 부화시키며, 물과 땅을 오가며 사는 동물을 말해. 그런데 쟁기발두꺼비가 물도 없는 사막에서 살 수 있는 까닭은 무엇일까? 일 년 중 아홉 달을 시원한 땅속에서 잠을 자기 때문이야. 우기가 되어 비가 내리면 부리나케 땅 위로 올라와 가장 가까운 물웅덩이로 달려가 짝짓기를 하고 알을 낳지. 알은 12일 만에 올챙이를 거쳐 어른 쟁기발두꺼비로 자라게 돼. 우기가 끝나고 땅이 딱딱하게 굳기 시작하면, 쟁기발두꺼비는 뒷다리의 쟁기처럼 생긴 혹을 이용해 땅을 파고 들어가 젤리처럼 끈적끈적한 물질로 온몸을 감싸고는 잠을 잔다고 해.

오스트레일리아의 사막에 사는 보수개구리

보수개구리도 쟁기발두꺼비처럼 건기가 시작되면 땅속으로 파고들어 잠을 자. 보수개구리는 깊이 30센티미터, 넓이는 자기 몸의 두 배 정도로 굴을 파고 들어앉아 땅속의 습한 공기를 코로 들이마셔서 몸을 공처럼 부풀린 다음, 콧구멍을 막아 몸속 수분을 빼앗기지 않도록 하지. 보수개구리는 비가 올 때까지 몇 달, 또는 몇 년 동안 잠을 자다가 비가 오기 시작하면 굴 밖으로 나와 먹이를 먹고, 짝짓기를 하고, 알을 낳아.

에잉~, 비안 온다! 잠이나 자자!

퍽 퍽!

마요 카메라로 찍은
쟁기발두꺼비 생태

"사막꿩이라도 안 날아가나? 그럼 오아시스의 방향이라도 알 수 있을 텐데. 피부가 바짝 말라 버리기 전에 팽 박사와 밴디가 나를 찾을 수 있을까? 아! 목말라. 이 대추야자 다섯 개로 며칠이나 버틸 수 있을까?"

 사막꿩

사하라 사막에 사는 아빠 사막꿩은 오아시스의 물웅덩이에 풍덩 뛰어든다. 새끼들에게 줄 물을 채우기 위해서다. 사막꿩의 깃털은 물을 머금을 수 있는 구조로 되어 있다. 아빠 사막꿩이 깃털에 물을 가득 머금고 새끼들이 기다리는 모래밭 둥지로 돌아가면 새끼들은 아빠 깃털에서 물을 빨아 마신다. 물을 구하기 위해서라면 아빠 사막꿩은 50킬로미터나 떨어진 오아시스까지 날아가기도 한다.

절망적인 생각들이 꼬리를 물고 올라왔다. 뜨거운 햇볕이 희망마저 완전히 증발시켜 버린 듯했다.

"아아! 이젠 끝장이야. 클레오파트라처럼 독사에 물려 죽는 게 차라리 낫……."

그 순간 지나의 팔에 뭔가 똑 떨어졌다. 약간 차가운 작은 방울, 꼭 물방울 같은, 같은 게 아니라 진짜 빗방울이었다.

"아아! 아아!"

지나는 하늘을 향해 입을 크게 벌렸다. 후두둑후두둑 비가 쏟아졌다. 지나는 하늘을 향해 입을 크게 벌려 빗물로 바싹 마른 입술과 혀와 목구멍을 적셨다. 물을 충분히 마시고 나니 살아서 사막을 빠져나갈 수 있으리라는 희망이 퐁퐁 샘솟았다.

11. 벌거숭이두더지쥐의 여왕님을 몰라보다

사막에서 지내는 날이 길어질수록 팽 박사의 불평도 길어졌다. 팽 박사는 지나 실종 사건의 중요한 단서가 되는 하늘색 손수건으로 연신 땀을 닦으며 다리가 아프다고 투덜거렸다. 낙타를 태워 주면 이번에는 엉덩이와 허리가 아프다며 짜증을 냈다.

"지나 양, 만나기만 해 봐. 내가 가만둘 줄 알아? 비비씨 말대로 혼자 집에 갔으면 정말 가만 안 둬. 설마 영영 못 만나는 건 아니겠지. 그러면 진짜로 용서 안 할 거야! 지나 양은 정말 못 됐어, 정말. 내 옷 좀 봐. 완전 다 젖었잖아. 얼굴은 벌겋게 익어서 껍질이 다 벗겨지고. 머리카락도 막 빠지고 있다고, 지나야아앙."

마침내 팽 박사는 손수건을 바닥에 집어 던지며 발을 방방 굴렀다. 그 때 바람에 날아가는 손수건을 플라이가 집어 들었다.

"여기 뭐라고 쓴 거예요?"

"뭐? 880? 숫자잖아, 880!"

팽 박사가 퉁명스럽게 대답했다. 플라이는 손가락으로 모래 위에 880이라고 여러 번 썼다.

날쥐 한 마리가 지나가 쓴 숫자 위로 풀쩍 뛰어 지나갔다. 애써 쓴 0의 한쪽이 날아갔다. 그것을 본 팽 박사가 앗! 소리를 질렀다.

캥거루처럼 껑충껑충 뛰는 날쥐

긴 뒷다리로 껑충껑충 뛰어다니는 날쥐의 겉모습은 캥거루쥐와 닮았지만 캥거루쥐와 같은 종류는 아니다. 캥거루쥐는 북아메리카의 사막이나 초원에 살고, 날쥐는 남아프리카의 사막에 산다. 날쥐와 캥거루쥐 모두 먹이에서 물을 얻기 때문에 따로 물을 마시지 않는다.

날쥐는 가장 높이 뛸 때는 8미터까지 뛰어오르기도 하고, 먹이를 찾아 30킬로미터 가까이 돌아다니기도 한다. 길고 튼튼한 뒷다리는 사막에서 먹이가 될 씨앗이나 뿌리 등을 찾기 위해 넓은 곳을 다니는 데 적합하다.

팽 박사도 드디어 알아차렸다. 손수건에는 880이 아니라 BBC라고 써 있었던 것이다. 그런데 비비씨는 왜 자기 손수건이라고 말하지 않았을까? 뭔가 구린 데가 있는 게 분명했다.

"비비씨가 범인인가 봐. 그래서 손수건을 보고도 아무 말 안 한 거야. 지나 양 찾으러 여기 사막에 올 때도 일부러 같이 가자고 했다가 안 온 거야. 우리가 하루라도 늦게 출발하길 바란 거지."

팽 박사가 말했다. 밴디도 같은 생각이었다.

"나도 비비씨 수상했다. 코끼리 죽인 것도 비비씨 같다."

"지나 언니가 그 사실을 알아채서 사막에 버린 걸까요?"

플라이의 말에 팽 박사와 밴디는 동시에 고개를 끄덕였다. 세 사람은 다시 힘을 내서 걷기 시작했다. 범인을 알아냈으니 이제 지나만 찾으면 된다.

며칠째 비가 오락가락했다. 사막을 하염없이 헤매던 지나는 지독한 감기에 걸렸다. 옷이 젖었다 말랐다 하는 통에 감기에 걸려 열이 오르락내리락했다. 자꾸 헛것이 보이고 헛소리가 들렸다.

"지나 양! 지나 양!"

'또 헛것이 보이네. 이번엔 오아시스도 아니고, 마을도 아니야. 살이 쭉 빠져 눈이 퀭해진 팽 박사님이네.'

지나는 몽롱해진 머리를 굴려 애써 생각을 해 보았다. 그런데 이번에 본 헛것은 좀 이상했다. 진짜 팽 박사같이 생긴 사람이, 진짜로 휘적휘적 달려와 지나를 꼭 안는 게 아닌가! 헛것에 이어 헛느낌일까?

아니었다. 이번에는 진짜 팽 박사였다. 팽 박사가 드디어 지나를 찾아낸 것이었다.

"아아! 지나 양, 왜 여기 있는 거야? 이렇게 멀리 사라지면 어떡해!"

팽 박사는 반가워서 미칠 것 같은 마음을 숨기느라 애써 투덜거렸다. 지나는 남은 힘을 겨우 짜내어 말했다.

"전 사라진 게 아니라 납치된 거거든요. 이 모든 사건을 일으킨 범인은 비비씨고요. 아마존에서 분홍돌고래한테 총을 쏜 밀렵꾼도, 앨버트로스를 괴롭힌 사람도, 남극에서 펭귄을 괴롭힌 사람도, 코끼리를 죽인 사람도 전부 비비씨예요. 비비씨는 다큐멘터리를 찍는다고 거짓말하고 동물들을 괴롭힌 게 분명해요. 마을에 돌아가면 당장 비비씨부터 신고해요."

"우리도 알아. 비비씨를 꼭 잡자."

팽 박사는 비장한 표정으로 밴디와 지나의 손을 힘껏 잡았다. 그러더니 남은 물을 혼자 꿀꺽꿀꺽 다 마시고는 낙타 위로 올라탔다.

"아무튼 일단 마을로 돌아가자. 아이고, 다리 아파! 난 낙타 타고 갈 테니 지나 양은 밴디랑 플라이랑 천천히 걸어와, 알았지?"

지나는 팽 박사의 뒷모습을 바라보며 중얼거렸다.

"난 사막에 버려졌다 방금 구조된 사람이라고요. 낙타를 타야 할 사람이 누구겠어요?"

"지나가 타야 한다."

지나가 원하는 대답을 밴디가 해 주었다. 지나는 초등학생보다 더 철없는 팽 박사를 생각하며 고개를 절레절레 흔들었다.

"밴디, 아직도 팽 박사님이 세상에서 제일 착한 사람 같아? 밴디 마을로 데려가고 싶어? 영혼의 지도자로?"

밴디가 조금의 망설임도 없이 고개를 저었다. 하긴, 팽 박사를 데려가면 밴디만 엄청나게 고생할 게 뻔했다. 겁 많은 울보에, 투덜거리기만 하고, 혼자 할 수 있는 일이 하나도 없으니 말이다.

"아악! 아악! 아악!"

초원이 가까워지자, 팽 박사는 겁이 많다는 것을 증명이라도 하듯 비명을 지르며 날뛰었다. 놀란 낙타가 팽 박사를 바닥에 떨어뜨리고 달아났다. 팽 박사는 무려 2미터의 높이에서 떨어져서 땅에 코를 콕 박고 죽은 듯이 엎드려 있었다.

"으이구, 납치됐다 막 자유의 몸이 됐는데 벌써부터 팽 박사 뒤치다꺼리나 해야 하다니. 여왕벌로 태어난 줄 알았는데 난 아무래도 일벌이 틀림없어."

지나는 엎어진 팽 박사를 일으켜 세웠다. 팽 박사가 어깨를 부르르 떨며 횡설수설했다.

"사막이 오염됐어. 공장 폐수가 나오나 봐. 아니면 누가 핵폭탄을 터트렸을까?"

"왜요?"

"쥐…… 쥐가 털이 다 빠졌어. 아마 오염 때문일 거야! 아니면 멀쩡한 쥐가 왜 대머리가 됐겠어? 여기 있다가 내 머리도 다 빠지는 거 아냐? 안 돼, 여기까지 와서 대머리가 될 순 없어!"

팽 박사는 멀쩡한 앞머리를 움켜쥐었다. 단 한 올이라도 빠지는 것을 허락하지 않겠다는 결연한 표정이었다. 그 모습을 보고 플라이가 깔깔 웃었다. 밴디와 지나도 웃음을 터트렸다. 플라이와 마을 사람들의 머리숱이 많은 걸 보면, 이곳에 겨우 며칠 묵었다고 팽 박사의 머리카락이 숭덩숭덩 빠질 위험은 전혀 없었다.

"팽 박사님은 벌거숭이두더지쥐를 봤을 거예요. 벌거숭이두더지쥐는 땅속에 미로같이 복잡한 동굴을 파고 산대요. 엄청 넓다는데, 땅속이라 한 번도 본 적은 없어요."

플라이가 설명해 주었다.

"정말? 원래 털이 없는 동물이란 말이지? 어머나! 얼마나 부끄러울까? 옷을 홀랑 벗고 다니는 기분일 거야."

팽 박사가 자기 몸의 털이 다 빠지기라도 한 듯 몸을 비비 꼬았다. 그러더니 갑자기 마요 카메라를 꺼냈다.

"플라이가 지나를 찾게 도와줬으니까 내가 벌거숭이두더지쥐의 땅굴을 보여 줄게. 이 신기한 카메라로 사진을 찍으면 다 보여."

팽 박사는 죽은 나무 위로 올라가 최대한 넓은 지역의 사진을 찍었다. 하지만 사진에는 미로 같은 땅굴의 일부분만 보일 뿐이었다. 벌거숭이두더지쥐의 땅속 집은 정말 넓은 모양이었다.

"우아! 정말 길다. 방도 여러 개야. 사진으로 보니까 실물보다 훨씬 귀여운데요."

플라이가 벌거숭이두더지쥐를 무척 좋아하는 것을 보고 팽 박사는 새로운 생각을 떠올렸다.

"귀엽다고? 안 징그러워? 사람들이 벌거숭이두더지쥐를 좋아할 것 같아?"

"그럼요!"

"그래, 결심했어! 난 벌거숭이두더지쥐를 그릴 테야. 이 특이한 동물과 아프리카의 자연과 동물을 사랑하는 내 마음이 한데 어우러지면 훌륭한 그림이 탄생할 거야. 그럼 난 노벨미술상을 탈 수 있어. 노벨동물학상, 노벨문학상만 유명한가? 미술상을 타면 되지, 뭐."

지나는 끝까지 터무니없는 꿈을 꾸는 팽 박사를 비웃지 않았다. 노벨미술상이 존재하지 않는다는 말도 하지 않았다. 그림을 그리며 팽 박사가 행복하다면 그것으로 충분하다고 생각했다.

팽 박사의 그림 실력은 생각보다 뛰어났다. 벌거숭이두더지쥐의 몸에 잡힌 주름들과 떴는지 감았는지 모를 눈과 겨우 흔적만 남은 귀를 꼭 사진처럼 잘 그렸다. 너무 꼼꼼하게 그리느라 하루에 주름 한두 개밖에 그릴 수 없다는 것이 문제이긴 했지만.

팽 박사가 그림에 빠져 하루하루를 보내는 동안 드넓은 아프리카의 여기저기에서 흉흉한 소식이 들려왔다.

"팽 박사님! 남아프리카에서 자카스펭귄이 실종됐대요. 누가 잡아간 것 같다는데, 범인을 못 잡았대요."

"팽 박사님! 아프리카에서 가장 큰 악어가 사라졌대요. 누구 짓인지 아직 못 찾았대요."

나쁜 소식을 들으며 지나는 발을 동동 굴렸다. 자연에서 자연스럽게 살아가는 동물들을 누가, 왜 자꾸 잡아가는지 알 수 없었다. 아니, 의심 가는 범인이 있긴 했지만 비비씨의 짓이 아니길 바랄 뿐이었다.

"팽 박사야! 그림만 그리지 말고 동물 피해 조사하러 가자. 범인을 찾자."

밴디도 팽 박사를 졸랐다. 그러나 팽 박사는 정말 화가가 될 모양인지 그림만 그렸다.

"지나 양, 밴디 군. 좀 기다려 봐. 한 마리라도 제대로 그린 다음에 생각하자고."

팽 박사는 한 마리를 다 그리고 나서도 한 동안 오도카니 앉아 있다가 또 연필을 잡았다.

"수컷만 그리면 안 되지, 암컷도 한 마리 더 그리자."

암컷을 다 그리고 나서 또 핑계를 댔다.

"암컷만 그리면 어떻게 해. 새끼도 그려야지."

새끼를 그리고 난 다음에는 다른 가족도 그려야 한다며 시간을 끌었다.

"집이 축구장 몇 개를 합친 것만큼 넓은데 한 가족만 사는 게 말이 돼?"

그림을 그리는 동안 팽 박사는 말이 없었다. 지나한테 심부름을 시키지도 않았고, 플라이 앞에서 잘난 척도 하지 않았다.

팽 박사가 그림을 거의 완성할 무렵 벌거숭이두더지쥐의 새끼들이 태어났다. 밴디는 불만에 가득찬 눈으로 팽 박사와 벌거숭이두더지쥐를 번갈아 노려보았다. 그러다 밴디는 팽 박사의 그림과 실제 벌거숭이두더지쥐의 모습이 다른 점을 발견했다.

"팽 박사 그림 틀렸다. 벌거숭이두더지쥐 엄마는 한 마리뿐이다. 한 마리만 새끼를 낳는다. 나머지는 일만 한다."

"뭐라고? 말도 안 돼. 벌거숭이두더지쥐가 뭐 꿀벌이냐?"

팽 박사가 코웃음을 쳤다.

"정말이다. 다시 잘 봐라."

팽 박사는 밴디의 말을 믿을 수 없었다. 그래서 눈을 떼지 않고 벌거숭이두더지쥐의 사회를 관찰했다.

굴 입구에서 흙을 퍼내는 벌거숭이두더지쥐는 계속 흙 퍼내는 일만 했다. 나무뿌리를 갉아 먹이를 구하던 녀석은 계속 뿌리만 갉아 댔다. 굴을 파던 녀석은 끊임없이 굴만 깊게 팠다. 그리고 덩치가 가장 큰 암컷 한 마리만이 새끼를 낳고 키웠다. 새끼를 키우는 암컷 벌거숭이두더지쥐는 여왕벌처럼 무리를 감시했다. 밴디의 말대로 벌거숭이두더지쥐는 꿀벌이나 개미의 사회와 비슷한 점이 많았다.

"정말이네. 정말 여왕두더지쥐가 있네. 지난번 마요 카메라로 사진을 찍었을 때는 왜 몰랐지?"

팽 박사는 전에 찍은 벌거숭이두더지쥐의 땅속 사진을 다시 보았다. 사진은 땅속 집의 한 부분만 찍히는 바람에 벌거숭이두더지쥐의 생태를 다 보여 주지 못했다. 팽 박사는 여왕벌거숭이두더지쥐를 중심으로 다시 한 번 사진을 찍고, 그림을 그렸다. 그림 옆에 '벌거숭이두더지쥐의 여왕!'이라는 제목도 붙였다.

꿀벌의 사회를 닮은 벌거숭이두더지쥐의 사회

벌거숭이두더지쥐는 아프리카 초원의 땅속에서 수십 마리부터 수백 마리까지 무리를 지어 살아. 하지만 새끼를 낳는 암컷은 단 한 마리뿐이란다. 여왕벌, 일벌, 수벌로 구성된 꿀벌 사회처럼 벌거숭이두더지쥐 사회도 각자의 역할을 맡기 때문이야. 다른 암컷들보다 몸집이 큰 여왕벌거숭이두더지쥐는 두어 마리의 수컷을 거느리며 새끼를 낳고, 다른 암컷들이 새끼를 낳지 못하게 감시해. 여왕두더지쥐가 죽으면 암컷들끼리 경쟁을 하여 새 여왕을 뽑아. 병정 쥐는 굴을 지키고, 일꾼 쥐는 밖으로 튀어나온 뻐드렁니로 굴을 파거나 먹이를 물어오는 일을 하지. 벌거숭이두더지쥐의 굴은 아주 넓게 뻗어 있어서 일꾼 쥐에게는 언제나 할 일이 넘쳐난단다. 어떤 벌거숭이두더지쥐의 땅굴은 넓이가 축구장 20개를 합친 것만큼 크다고 해.

12. 팽 박사 뉴스에 출연하다

"이제 슬슬 준비를 해 볼까?"

한 달이나 게으름을 피우던 팽 박사가 스케치북을 덮으며 말했다.

"무슨 준비요? 돌아갈 준비요? 배낭만 도로 둘러메면 되지 준비할 게 뭐 있어요?"

"아냐, 아냐. 아직 할 일이 남았어. 우린 상자를 만들어야 해. 수염꼬리치레를 데려갈 거거든."

 수염꼬리치레

세계에서 가장 희귀한 새 중 하나다. 서아프리카의 외진 곳, 적도 가까이 습한 지역의 바위가 많은 곳에 산다. 주로 동굴에 둥지를 짓고, 그 동굴에 사는 박쥐의 배설물에 꼬이는 곤충을 먹고 산다. 그래서 수염꼬리치레는 둥지에서 멀리 나가 사냥을 할 필요가 없다. 박쥐 배설물 범벅이 되는 것을 피하기 위해서인지 머리에 깃털이 없는 대머리라는 점이 특징이다.

"뭐라고요? 수염꼬리치레요?"

지나가 깜짝 놀라며 말했다. 수염꼬리치레는 서아프리카의 동굴에 사는 새로, 서아프리카 사람들도 평생 보기 힘든 아주 희귀한 동물이었다. 그런 새를 상자에 넣어서 어디로 가져간다고? 당연히 불가능한 일이었다. 일단 이곳 정부가 허락하지 않을 것이고 연구 목적으로 허락한다고 해도 한 번 구경하기도 힘든 수염꼬리치레를 어디서 잡을 것인가.

"어서 상자를 만들어."

무슨 꿍꿍이속인지 팽 박사는 계속 밴디를 재촉했다. 밴디는 상자를 만들면서 팽 박사가 혹시라도 수염꼬리치레를 몰래 가져갈 계획이라면 상자 속에 팽 박사를 가둬 버릴 거라 결심했다. 밴디가 망치로 땅땅거리며 상자를 만드는 동안 팽 박사는 야자 잎을 뜯어 공을 만들었다. 그러고는 밴디가 만든 상자에 야자 공을 넣었다.

"상자에 구멍을 뚫어. 우리 수염꼬리치레가 숨이 막히면 안 되지!"

팽 박사는 상자 속에 진짜 수염꼬리치레가 있는 것처럼 말했다. 지나와 밴디는 팽 박사가 더위를 먹어 정신을 잃은 게 아닐까 살짝 걱정이 되었다.

팽 박사 일행이 떠난다는 소식을 들은 플라이와 몇몇 사람들이 팽 박사를 찾아왔다.

"여긴 뭐가 들었나요?"

플라이 마을 사람들은 상자에 수상한 눈길을 던졌다. 팽 박사는 손으로 입을 반쯤 가리고 비밀스럽게 속삭였다.

"수염꼬리치레요."

"네?"

"뭐라고요?"

"말도 안 돼!"

팽 박사의 말이 끝나기가 무섭게 플라이와 마을 사람들은 상자에 달려들었다. 당장 상자를 부수고 수염꼬리치레를 구해 내려는 것이었다. 팽 박사는 뚱뚱한 몸을 재빨리 날려 마을 사람들을 막았다.

"아이 참, 진짜는 아니라고요. 수염꼬리치레는 구경도 못 했어요."

"그럼 여기 든 건 뭐죠?"

플라이가 날카롭게 물었다. 팽 박사는 씩 웃으며 계획을 발표했다.

"지금부터 여러분은 다른 부족에 소문을 내 주세요. 국제전화를 걸어 아프리카의 다른 나라에도 알려 주세요. 팽 박사가 수염꼬리치레를 들고 브라질의 리우데자네이루 공항으로 떠난다고요. 이 소식을 들으면 비비씨가 수염꼬리치레를 훔치러 브라질로 올지도 몰라요. 그때 잡아서 경찰에 넘기면 끝!"

팽 박사답게 아주 단순하고 명쾌한 계획이었다.

"안 오면요?"

너무 단순한 계획이 못 미더운지 지나가 물었다.

"분명히 올 거야. 하지만 안 와도 할 수 없지, 뭐. 야자 공을 브라질에 버리고 우린 한국으로 돌아가는 수밖에."

하지만 팽 박사는 희귀 동물에 욕심이 많은 비비씨가 꼭 나타날 것이라고 믿었다.

팽 박사 일행은 열 시간이 넘는 비행을 마치고 드디어 리우데자네이루 공항에 내렸다. 온몸이 쑤시고 아팠지만 팽 박사와 지나, 밴디는 눈을 부라리며 주위를 두리번거렸다. 비비씨가 나타날지도 몰라 찾는 중이었다. 하지만 비비씨의 모습도, 험상궂은 비비씨 친구들의 모습도 보이지 않았다.

"비비씨 안 보인다."

"하긴 박사님의 어설픈 계획을 믿은 내가 어리바리했지."

지나와 밴디는 비비씨를 잡지 못할 것 같아 크게 실망했다. 비비씨가 겨우 야자 공 따위에 속아 쉽게 잡혀 줄 것 같지는 않았다. 하지만 팽 박사는 희망을 잃지 않았다. 자신의 단순하면서도 완벽한 함정에 비비씨가 빠져들 것이라 믿었다. 팽 박사는 작은 눈을 한껏 뜨고 어딘가에 숨어 야자 공이 든 상자를 노리고 있을 비비씨를 찾았다.

"일단 짐 찾는 곳으로 가 보자. 거기 있을 가능성이 커."

짐 찾는 곳에는 사람이 엄청나게 많았다. 비비씨가 거기 있다 해도 쉽게 찾지 못할 것 같았다. 비비씨가 즐겨 쓰던 인디애나존스 모자와 똑같은 모자를 쓴 사람들, 비비씨가 즐겨 입던 베이지 색 윗도리를 똑같이 입은 사람, 비비씨처럼 키가 크고 날씬한 사람이 바글바글했기 때문이다.

"야자 공 상자는 언제 나오는 거예요?"

지나가 물었다. 팽 박사는 지나가 대단한 비밀이라도 누설한 것처럼 호들갑을 떨었다.

"수염꼬리치레 상자야. 수염꼬리치레가 들었다고! 알겠어?"

"아, 알았어요. 수염꼬리치레 상자요."

지나와 팽 박사가 실랑이를 하는 사이에도 밴디는 수상한 사람이 없는지 찾고 있었다. 유난히 허리를 숙이고 가는 사람, 뭔가에 쫓기는 것처럼 보이는 사람, 힐끔힐끔 눈치를 살피는 사람…… 그러다가 앗!

"잡아라!"

밴디가 소리치며 뛰었다. 공항 직원 제복을 입은 키 큰 남자가 달아나고 있었다. 남자는 커다란 배낭을 메고 있었는데, 팽 박사의 야자 공 상자가 들었는지 상자와 똑같이 네모반듯했다.

"비비씨다. 잡아라!"

밴디의 말에 팽 박사도 뛰었다. 짧은 다리로 다다다다 최선을 다해 뛰었다. 비비씨를 꼭 잡고 말리라. 동물을 사랑하는 과학자의 명예를 걸고 꼭 잡고 말리라!

"경찰 아저씨. 저 사람 잡아요. 밀렵꾼에다 납치범이에요."

지나는 재빨리 경찰을 불렀다.

그러는 동안 밴디는 날렵하게 비비씨를 쫓았다. 비비씨도 만만치 않았다. 공항 지리를 잘 아는 비비씨는 화장실로, 의자 뒤로, 항공사 사무실로 요리조리 숨으며 달아났다. 밴디는 아마존에서 동물들을 쫓아다닐 때처럼 단 한 번도 눈을 떼지 않고 비비씨를 쫓아 달렸다. 공항에 있던 사람들도 밴디를 응원했다. 밴디가 잠시 비비씨를 놓쳤을 때, 의자 밑에 숨은 비비씨를 손가락으로 가리키며 알려 주었다.

밴디가 몸을 힘껏 날려 비비씨를 온몸으로 깔아뭉개는 통에 달아나려고 발버둥치던 비비씨도 더 이상 꼼짝할 수 없었다.

"놔 줘. 안 그러면 수염꼬리치레가 깔려 죽을 거야."

비비씨는 수염꼬리치레를 핑계 삼아 빠져나갈 구멍을 찾으려 했다. 하지만 밴디는 비비씨를 더욱 세게 눌렀다. 가방에 든 상자가 부서져 야자 공이 찌그러질 때까지. 그러는 동안 팽 박사와 지나가 데리고 온 경찰이 비비씨를 체포했다.

사실 비비씨는 몇 년째 국제경찰의 수배를 받고 있었다. 다큐멘터리 작가로 위장을 하고 전 세계를 누비며 희귀한 동물을 잡아 털과 가죽을 얻고, 이빨로 목걸이를 만들고, 작은 동물들을 애완용으로 팔았기 때문이다. 그동안 국제경찰은 눈에 불을 켜고 비비씨를 쫓았지만 비비씨는 미꾸라지처럼 잘도 피해 다녔다. 그런 비비씨가 팽 박사의 함정에 빠져 잡힌 것이다.

팽 박사는 소원대로 유명해졌다. 전 세계 뉴스에서 비비씨를 잡는 데 큰 공을 세운 팽 박사와 지나, 밴디의 얼굴을 몇 번이나 특종으로 내보냈기 때문이다.

"박사님은 좋겠네요. 노벨상은 못 받았지만 소원대로 유명해졌잖아요. 한국에 가면 아이들이 사인해 달라고 줄을 서겠는데요."

기자들의 카메라 앞에서 거드름을 피우는 팽 박사에게 지나가 말했다.

"지나 양! 유명해지는 건 중요하지 않아. 난 과학자니까 연구가 더 중요하다고."

팽 박사는 겸손한 척 말했지만 텔레비전에 나오는 게 너무 좋아서 입이 다물어지지 않았다.

한국에 돌아오자마자 팽 박사는 벌거숭이두더지쥐에 관한 이야기를 어린이 과학 잡지에 보냈다. 동물보호운동가로 유명해졌으니 이번에는 동물학을 연구하는 과학자로서 이름을 얻고 싶었다. 하지만 잡지에는 벌거숭이두더지쥐의 그림만 실렸다. 그것도 독자 솜씨 자랑 코너에 나온 것이다.

"애걔? 노벨미술상을 타겠다더니 초등학생들이랑 그림 솜씨를 겨룬 거예요?"

배꼽을 잡고 웃는 지나에게 팽 박사는 상품으로 받은 어린이 과학 잡지 세 권을 모두 내밀었다.

"지나 양, 노벨상 받으면 상금으로 스포츠카를 사 주려고 했는데 이 잡지 세 권밖에 못 받았어. 이거 지나 양 다 줄게. 스포츠카는 없던 일로 해 줘."

"안 돼요. 당장 스포츠카 내놔요. 내가 그것 때문에 얼마나 고생을 했는지 알아요?"

"알아, 안다고. 하지만 스포츠카는커녕 미니카 사 줄 돈도 없는걸. 대신 지나 양 소원을 들어줄게. 뭐든지 말 해. 내가 다 들어줄게. 스포츠카만 빼고."

지나는 펄펄 뛰며 소리를 질렀지만 뾰족한 수가 없었다. 근사한 소원이 생각날 때까지 팽 박사의 조수 노릇을 계속하는 수밖에는.

이 책에 나온 동물들

노랑독개구리

과일박쥐

앨버트로스

빨강독개구리

맥

가마우지

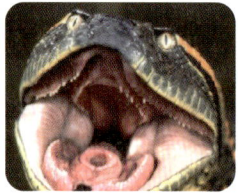
아나콘다

분홍돌고래

황제펭귄

카피바라

벌새

오리너구리

태즈메이니아데빌

코브라

사막꿩

딩고

몽구스

사막여우

무덤새

코끼리

날쥐

키위새

낙타

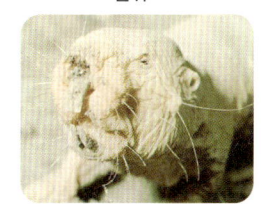
벌거숭이두더지쥐

팽 박사의 생태 탐험 시리즈 ❶

초판 1쇄 발행 2009년 1월 30일
초판 2쇄 발행 2009년 5월 20일

글쓴이 | 정재은
그림 | 김석

발행인 | 양원석
편집장 | 최주영
책임편집 | 김경애
디자인 | 미르
제작 | 허한무, 문태일, 김수진
마케팅 | 정도준, 김성룡, 백준, 나길훈, 주상우, 임충진

펴낸곳 | 랜덤하우스코리아(주)
주소 | 서울시 강남구 삼성동 159 오크우드호텔 별관 B2
문의 | 02)3466-8855(내용), 02)3466-8955(구입)
등록 | 2004년 1월 15일 제2-3726호

ⓒ 정재은, 김석 2009
ISBN 978-89-255-3160-1 (73490)
       978-89-255-3161-8 (세트)

값 9,000원

＊이 책은 저작권법에 따라 보호를 받는 저작물이므로 무단 전재와 무단 복제를 금지하며,
   이 책 내용의 일부를 이용하시려면 반드시 저작권자와 랜덤하우스코리아(주)의 서면 동의를 받아야 합니다.
＊잘못 만들어진 책은 구입하신 곳에서 교환해 드립니다.
＊모서리가 날카로워 다칠 수 있으니 사람을 향해 던지거나 떨어뜨리지 마십시오.